Leicht gesagt!

gemeinsam gottesdienst gestalten (ggg) 22

Anne Gidion | Jochen Arnold
Raute Martinsen | Andreas Poschmann (Hrsg.)

Leicht gesagt!

Biblische Lesungen und Gebete
zum Kirchenjahr in Leichter Sprache

EVANGELISCHE VERLAGSANSTALT
Leipzig

Bibliographische Information der Deutschen Nationalbibliothek
Die Deutsche Nationalbibliothek verzeichnet diese Publikation in der
Deutschen Nationalbibliographie; detaillierte bibliographische Daten
sind im Internet über http://dnb.dnb.de abrufbar.

3., völlig neu überarbeitete Auflage
© 2023 by Evangelische Verlagsanstalt GmbH · Leipzig
Printed in Germany

Das Werk einschließlich aller seiner Teile ist urheberrechtlich geschützt.
Jede Verwertung außerhalb der Grenzen des Urheberrechtsgesetzes ist
ohne Zustimmung des Verlags unzulässig und strafbar. Das gilt insbesondere für Vervielfältigungen, Übersetzungen, Mikroverfilmungen und die
Einspeicherung und Verarbeitung in elektronischen Systemen.

Das Buch wurde auf alterungsbeständigem Papier gedruckt.

Gesamtgestaltung: makena plangrafik, Leipzig/Zwenkau
Druck und Binden: CPI books GmbH

ISBN 978-3-374-07333-7 // eISBN (PDF) 978-3-374-07334-4
www.eva-leipzig.de

Inhalt

7 | Vorwort des Herausgebers der Buchreihe
10 | Einleitung
19 | Vorwort zur Neuauflage 2023
23 | **Biblische Lesungen und Gebete zu den einzelnen Sonn- und Feiertagen**
    25 | Adventszeit
    37 | Weihnachtszeit
    57 | Epiphaniaszeit
    70 | Vorpassionszeit
    84 | Passionszeit
    100 | Karwoche
    108 | Osterzeit
    131 | Pfingsten
    137 | Trinitatiszeit
    207 | Ende des Kirchenjahres
219 | **Biblische Lesungen und Gebete zu den Kasualien**
233 | **Register**

Vorwort des Herausgebers der Buchreihe

Nach den Psalmengottesdiensten (ggg 20) und den Literaturgottesdiensten (ggg 21) wendet sich unsere Reihe *gemeinsam gottesdienst gestalten* wieder einmal dem klassischen, dem agendarischen Gottesdienst mit seinen Lesungen und Gebeten zu, allerdings unter deutlich veränderten Vorzeichen.

Wir versuchen, ein altes (evangelisches) Anliegen für den Gottesdienst fruchtbar zu machen, indem wir uns liturgisch um »Leichte Sprache« kümmern. (Was das genauer meint, erklären Anne Gidion und Raute Martinsen in der folgenden Einleitung.) Das ist der Kern: Gottesdienst soll ein Ereignis sein, das *von allen Christen*, Großen und Kleinen, Frauen und Männern, Gesunden und Kranken, bewusst miterlebt und aktiv mitgefeiert werden soll.

Ich meine: Wenn Luther im Blick auf seine Bibelübersetzung und den Gottesdienst der Gemeinde davon sprach, »dem Volk aufs Maul schauen« zu wollen, wenn Romano Guardini für eine katholische Liturgie in Landessprache kämpfte, dann gilt dieser Auftrag auch uns. Er gilt immer noch und immer wieder neu. Wir haben ihn für Menschen des 21. Jahrhunderts, gerade für die, die wenig mit Kirche zu tun haben, zu aktualisieren und zu transformieren. Ein erster Schritt in diese Richtung ist eine verständliche Sprache des Gottesdienstes, die übrigens vielen – das zeigt die letzte Kirchenmitgliedschaftsuntersuchung von 2004 – sehr wichtig ist. Darum ist dieses Buch entstanden. Es richtet sich also dezidiert an alle Menschen, denen verständliche Sprache ein Anliegen ist, um das Reden mit Gott und das Reden von Gott her zu befördern.

Wir gehen dabei vom biblischen Wort selbst aus: mit klassischen Perikopen für die Sonn- und Feiertage des Kirchenjahrs nebst einigen Kasualien, und bieten unterschiedliche Gattungen von Gebeten: Eingangs- oder Kollektengebete, Fürbitten, Abendmahlsgebete (samt Präfationen), Sündenbekenntnisse u. a.

Vielfach wird das Auseinanderdriften unterschiedlicher kirchlicher Handlungsfelder beklagt. Dazu gehört auch der Vorwurf, dass Gottesdienst so wenig mit sozialer Arbeit zu tun habe bzw. sich die Diakonie von der gemeindlichen Wirklichkeit entferne. Das Gegenteil scheint mir richtig. Liturgie und Diakonie gehören in Theologie und Praxis zusammen. Deshalb wurden schon in der Urgemeinde die Ämter von Aposteln und Diakonen zwar personell unterschieden, aber doch in einen engen Zusammenhang gestellt. Das gesegnete Brot der Eucharistie wurde Armen und Kranken ausgeteilt. Paulus selbst hat eine Sammlung für die Gemeinde in Jerusalem befürwortet.

Spiritualität am Sonntag und im Alltag, Glaube und Liebe gehören also untrennbar zusammen. Es ist mir wichtig, dass dieser Konnex von Gottesdienst I und II, wie man auch treffend sagen könnte, in diesem Buch lebendige Gestalt gewinnt. Eine neue Ära der Achtsamkeit und des Teilens könnte so beginnen: Nicht nur unsere Zeit und unser Geld, nicht nur Kollekte und Fürbitte sollen dies abbilden, auch »unsere Sprache« teilen wir miteinander.

Denn wer im Gottesdienst Gottes Wort hört, vor ihm klagt und ihn lobt, der wird das auch mit den Menschen gemeinsam tun wollen, die uns in besonderer Weise anvertraut und unsere Geschwister sind.

Das wird auch deutlich in den Worten von Christian Dopheide, Vorstand der Evangelischen Stiftung Hephata und Sprecher des Brüsseler Kreises[1], einem Netzwerk aus gemeinnützigen und sozialpolitischen Unternehmen:

> »Es gibt so viele Arten, das Wort Gottes zur Sprache zu bringen, wie es Arten der Musik gibt. Ich wüsste nicht, welche die ›richtige‹ ist: die akribische, die poetische, die populäre, die geglättete, die geschichtlich geprägte oder welche auch immer noch. Die hier vorgelegte Art, in Leichter Sprache, erlaubt eine Unmittelbarkeit des Verstehens, die eine große Stärke hat. Man muss nicht Kind werden, um einem biblischen Text ganz unbefangen nah zu sein. Leichte Sprache erlaubt Einfalt mit aufrechtem Gang. Damit zeigt sie etwas ganz Wesentliches, wenn es ums Wort Gottes geht: es ist nämlich in Wahrheit überhaupt nicht kompliziert, sondern so einfach wie der Satz: ›Du bist geliebt.‹«

Die Unternehmen des Brüsseler Kreises leisten, teils seit mehr als hundert Jahren, Assistenz für Menschen mit einer geistigen Behinderung. Je zu Hälfte der katholischen und der evangelischen Kirche zugeordnet, arbeiten sie, im Geist der Ökumene, auf dem gemeinsamen Fundament biblisch-christlicher Werte. Das Bestreben, die Liebe Gottes allen Menschen in gleicher Weise erfahrbar zu machen, gehört deshalb zu ihren wichtigsten Anlie-

---

[1] www.bruesseler-kreis.de.

gen. Der Brüsseler Kreis begrüßt es sehr, dass die hier vorgelegte Textsammlung Inklusion auch im Gottesdienst ermöglicht.

Ich danke deshalb besonders dem katholischen Kollegen Dr. Andreas Poschmann vom Deutschen Liturgischen Institut in Trier für seine Mitarbeit und bin froh, dass wir mit Dr. Christian Stäblein und Simone Pottmann zwei weitere exzellente Mitstreitende gefunden haben.

Anne Gidion und Raute Martinsen danke ich für die mühevolle Redaktionsarbeit und den Ausgangsimpuls, der wesentlich zur Entstehung des Buches beigetragen hat.

Selten habe ich selbst so viel bei der Entstehung eines Buches gelernt. Dafür bin ich sehr dankbar und hoffe, dass wir damit Anregungen für ähnliche Texte geben können.

Hildesheim 2013,
Mariae Lichtmess, Jochen Arnold

Einleitung

Gottesdienst lebt vom dialogischen Wechselspiel von Hören und Antworten.[2] Aber wie geschieht dieses Antworten? Und was kommt im Gottesdienst zu Gehör? Worte, Musik, Stille. Bleiben wir beim Wort: Eine klassische Weise, das Wort Gottes im »Originalton« der Schrift und zugleich in menschlicher Gestalt zu Gehör zu bringen, besteht in den Lesungen des agendarischen Gottesdienstes.

Die Buchreihe *gemeinsam gottesdienst gestalten* hat schon mehrmals Gestaltungsvorschläge für Lesungen zum Thema gemacht (ggg 1, ggg 2, ggg 3, ggg 11 u. a.) und Hinführungen zu den Lesungen, poetisch-musikalische Gestaltungsformen und poetische Texte zu den Lesungen in den Mittelpunkt gestellt. Diesmal geht es an die Lesungstexte selber. Auch das ist natürlich nicht neu – in den Jahrzehnten seit der Revision der Lutherbibel von 1984 hat es bekanntermaßen etliche Übersetzungen der Bibel gegeben (Einheitsübersetzung, Die gute Nachricht, Bibel in Gerechter Sprache, Volxbibel, Basisbibel, um nur einige zu nennen) oder Übertragungen einzelner biblischer Bücher (z. B. Arnold Stadler oder SAIDs Psalmenübertragungen und vieles mehr).

Ein neuer Band der Reihe *gemeinsam gottesdienst gestalten* setzt einen etwas anderen Akzent. Er radikalisiert die Vorstellung der Verstehbarkeit von Texten im säkularisierten Kontext unter zwei Perspektiven. Es geht darum, einerseits die Hörenden in den Blick zu nehmen und dabei möglichst voraussetzungslos zu sein. Andererseits soll die Kraft und Bedeutung der biblischen Texte aufgeschlossen werden durch eine Form der Fokussierung.

Die sogenannte Leichte Sprache hat seit einigen Jahren vor allem im diakonischen Feld Konjunktur, reicht aber auch aus dem Feld der sogenannten Zielgruppengottesdienste hinaus.

---

[2] In jüngsten Veröffentlichungen vgl. auch Arnold, Jochen, Was geschieht im Gottesdienst? Zur theologischen Bedeutung des Gottesdienstes und seiner Formen, Göttingen, 2010; Deeg, Alexander, Sprachwelten im Wechselspiel, Evangelische Predigt als praedicatio semper reformanda, in: Ders./Sagert, D., Evangelische Predigtkultur, Zur Erneuerung der Kanzelrede, Leipzig, 2011, 25ff. u. ö.

Zunächst: Was ist »Leichte Sprache«?

Leichte Sprache ist ein Arbeitsergebnis, eine Errungenschaft der Selbsthilfebewegung von Menschen mit geistigen Behinderungen. Diese machen ihr Recht auf Barrierefreiheit für das Feld der Kommunikation geltend, d. h., sie fordern einen Zugang zu sprachlich verfügbaren Informationen, der ihren kognitiven Fähigkeiten entspricht. Leichte Lesbarkeit und Verständlichkeit von Texten sind seit der UN-Menschenrechtskonvention von 2008 für die Rechte von Menschen mit Behinderungen Teil eines »Rechtes auf Verstehen«. Das macht sich besonders bei Gebrauchsanweisungen und Veröffentlichungen im Internet bemerkbar. Der Begriff »Leichte Sprache« bezeichnet dabei eine sprachliche Ausdrucksweise, die in besonderer Weise verständlich ist.[3] Zu ihren Regeln gehört es, kurze Sätze zu verwenden. Dabei enthält jeder Satz nur eine Aussage. Lange Sätze mit mehr als 15 Wörtern werden aufgeteilt. Verbalisierungen sind Nominalisierungen vorzuziehen. Konjunktive sollen nicht verwendet werden, ebenso wenig Abstrakta, Fremdwörter oder Fachwörter. Lange Zusammensetzungen werden aufgelöst; Negationen durch positive Aussagen ersetzt; ungewöhnliche Wörter erklärt. Es kommt nur bedingt auf die klassischen Regeln eines Schreibtextes an, wie z. B. grammatisch vollständiger Sätze. Entscheidend ist dagegen die Orientierung am Hörverstehen. Mit Bildern und Metaphern wird sparsam umgegangen. Benutzt man sie, oder kommen neue Namen von Personen ins Spiel, benötigt man eine Art von »Rampe«, die den Zugang erleichtert.

Den Verfechtern dieses Rechtes auf Verstehen ist es ein Anliegen, dass Leichte Sprache nicht als Kindersprache gilt, obwohl sie manchmal damit verwechselt wird.[4]

Auch wenn das Christentum, die Offenbarung von Gott in Jesus Christus, schwer ohne Kenntnisse des Alten und des Neuen Testamentes, der Geschichte Israels und der Geschichte der Kirche durch die Zeiten erschließbar ist, sollten – so die Überzeugung, die diesem Buch zugrunde liegt – trotzdem in jedem Got-

---

[3] http://de.wikipedia.org/wiki/Leichte_Sprache (Stand 27. November 2012).
[4] Leichte Sprache ist erfahrungsgemäß auch bei der Kommunikation mit Kindern hilfreich. Für Menschen mit Behinderungen ist es aber zentral, dass es um Sachverhalte des öffentlichen erwachsenen Lebens geht, die von ihnen selbständig gehandhabt werden müssen.

tesdienst Momente enthalten sein, die auch ohne Vorbildung erfahrbar sind.

Für viele ist der vertraute alte Klang der Lesungen wichtig, wie etwa in der Weihnachtsgeschichte: »Es begab sich aber zu der Zeit, dass ein Gebot ausging ...« Denn Liturgie – und zu ihr zählen auch Lesungen und Gebete – ist nahe bei poetischer Rede und Dichtung. Diese lebt von Bildern. Und von Vertrautheit mit ihnen.

Im Sinne der Leichten Sprache kommt es bei den im Gottesdienst verwendeten Bildern allerdings darauf an, dass diese auch der Anschaulichkeit des Gemeinten dienen.

Ein Beispiel ist Psalm 23: *Der Herr ist mein Hirte, mir wird nichts mangeln ...*

Ein Grundtext des christlichen Gottesdienstes, wenn man ihn denn von Kindheit an kennt. Was können wir aber in einer postpastoralen Gesellschaft mit diesem Bild anfangen? Wer nicht mit religiöser Sprache groß geworden ist, empfindet womöglich das ländliche Bild des guten Hirten als wenig einladend. Das Identifikationsangebot Schaf ist nur für wenige Menschen hilfreich, die in einer städtischen Lebenswirklichkeit auf Sinnsuche sind. Und das für viele schlicht Vertraute des Bildes vom guten Hirten im Alten und Neuen Testament weckt aus sich heraus noch keine Hoffnung.[5]

Wir haben uns also bemüht, für sprachliche Bilder Rampen zu bauen, wenn wir sie denn für unerlässlich hielten. Es geht dabei nicht in erster Linie um ein kognitives Verstehen, sondern um die Möglichkeit, an Erfahrungen anzuknüpfen, die in die Lebenswirklichkeit der Hörerinnen und Hörer übertragbar sind.

Bei Psalm 23 könnte das zum Beispiel so aussehen:

Psalmen wurden früher gesungen. Zum Beispiel am Palast eines Königs. Aber auch im Tempel. Viele Psalmen hat (wohl) David geschrieben. Der war erst Hirtenjunge. Später wurde er König. David singt. Manchmal spielt er dazu Harfe. In seinen Liedern singt er von Gott. Er singt von Gottes Macht. Er beschreibt, wie Gott ist. Was Gott für Menschen tut. Wie Menschen Gott erleben. David war Hirtenjunge. Mit Schafen kennt er sich aus. Gott als guter

---

[5] Vgl. Gidion, Anne, Er ist mein Hirte. Über Psalmen und Leichte Sprache im Gottesdienst, in: Du, höre! Psalmen entdecken – singen, beten, predigen. Zentrum Verkündigung der EKHN, Frankfurt 2012, 27ff.

Hirte – das kann er sich gut vorstellen. Davon singt er. Davon singen Menschen bis heute.

Nicht immer muss der Anmarschweg so lang sein. Aber hin und wieder kann er helfen, eine Gattung neu zu erschließen und einen frischen Blick auf die biblischen Texte zu bekommen. Andererseits ist oft zu hören: Im Gottesdienst will ich gar nicht immer alles verstehen. Ich fühle mich wohl im Ritual der unhinterfragten Vertrautheit. Und die im Alltag wenig gebräuchlichen Sprachbilder gehören dazu.

Das lässt uns fragen, was das eigentlich heißt: »Ich verstehe etwas.« Verstehen kann heißen, dass ich etwas erfahre und es sofort einfüge in die geläufigen Denkbilder und Muster. Dann geschieht gedanklich selten etwas Neues.

Zum Verstehen kann aber auch ein Offenlassen gehören, ein Wissen darum, dass ich gerade nicht alles verstanden habe und verstehen kann. Die Grenzen des Verstehens gehören zu meinem Verständnis von Verstehen dazu. Bei dieser Form von Verstehen ist Leichte Sprache hilfreich. Die einfachen und klaren Sätze machen einen Raum auf, in dem eigene Bilder entstehen können. Je nach persönlichen Erfahrungen und Fähigkeiten können Hörerinnen und Hörer diesen Raum füllen. Satz für Satz baut sich ein Bild auf, meine Phantasie kann mitgehen und die leeren Stellen füllen.

Leichte Sprache bedeutet nämlich gerade nicht, dass durch einen einfachen Übersetzungsvorgang unter Anwendung von ein paar journalistischen Regeln das totale Verstehen erreicht wäre. Dies mag bei Gebrauchsanweisungen und Dienstformularen das gewünschte Ziel sein.[6]

Bei Gebeten und Lesungen ist es dies wesensmäßig nicht. Denn die religiöse Sprache ist geräumiger als die Begriffssprache

---

[6] Zum Testen der Verstehbarkeit von Texten kann man z. B. die sogenannte Flesch-Formel oder Flesch-Index heranziehen. »Der Flesch-Index (auch: Lesbarkeitsindex, Lesbarkeitsgrad) misst, wie leicht ein Text auf Grund seiner Struktur lesbar und verständlich ist. Über den Inhalt sagt der Index nichts aus. Er basiert vor allem auf der Tatsache, dass kurze Wörter und kurze Sätze in der Regel leichter verständlich sind als lange, wobei die Länge der Wörter ein größeres Gewicht hat als die Länge der Sätze. Der Index ergibt in der Regel eine Zahl zwischen 0 und 100.« Zit. nach http://www.leichtlesbar.ch/html (Stand 9. Januar 2013). Unsere Fassung der Römerbriefpassage hat z. B. einen Flesch-Wert von 81 Punkten, was der untersten Grenze der verstehbarsten Kategorie entspricht.

des praktischen Lebens. Beim Anwenden von Leichter Sprache im Gottesdienst geht es darum, zu reduzieren, Gedanken zu sortieren und Begriffe zu öffnen. Die Verwendung des Begriffs »Übersetzung in Leichte Sprache« suggeriert noch, es gehe darum, denselben Sachverhalt in einer anderen Sprache zu sagen. Eventuell wäre viel mehr »Übertragung« oder »Nachdichtung« angemessener.

Eine Kostprobe:

Römer 3,21–28 (Luther-Übersetzung):

> *Nun aber ist ohne Zutun des Gesetzes die Gerechtigkeit, die vor Gott gilt, offenbart, bezeugt durch das Gesetz und die Propheten. Ich rede aber von der Gerechtigkeit vor Gott, die da kommt durch den Glauben an Jesus Christus zu allen, die glauben.*
>
> *Denn es ist hier kein Unterschied: Sie sind allesamt Sünder und ermangeln des Ruhmes, den sie bei Gott haben sollten, und werden ohne Verdienst gerecht aus seiner Gnade durch die Erlösung, die durch Christus Jesus geschehen ist.*
>
> *Den hat Gott für den Glauben hingestellt als Sühne in seinem Blut zum Erweis seiner Gerechtigkeit, indem er die Sünden vergibt, die früher begangen wurden in der Zeit seiner Geduld, um nun in dieser Zeit seine Gerechtigkeit zu erweisen, dass er selbst gerecht ist und gerecht macht den, der da ist aus dem Glauben an Jesus.*
>
> *Wo bleibt nun das Rühmen? Es ist ausgeschlossen. Durch welches Gesetz? Durch das Gesetz der Werke? Nein, sondern durch das Gesetz des Glaubens.*
>
> *So halten wir nun dafür, dass der Mensch gerecht wird ohne des Gesetzes Werke, allein durch den Glauben.*

Eine Übertragung in Leichter Sprache könnte so aussehen:

(Paulus schreibt an die Gemeinde in Rom. Er beschreibt, wie Gott zu den Menschen ist:)

Gott ist gerecht. Schon die Propheten haben es erzählt:
Gott ist gerecht.
Propheten hören Gott. Deshalb können sie von ihm erzählen.
Auch im jüdischen Gesetz steht: Gott ist gerecht.
Es geht um eine besondere Gerechtigkeit. Wer an Jesus Christus glaubt, erlebt diese besondere Gerechtigkeit.

Wir sind alle Menschen. Menschen leben.
Sie tun immer auch Schlimmes.
So sind wir, das gehört zu uns. Deshalb nennt man uns »Sünder«. Wir leben. Wir werden schuldig. Aber Gott ist trotzdem gnädig. Er ist großzügig. Er nimmt die Schuld weg von uns. Das nennt er »gerecht«.
Denn Christus kam von Gott. Er wurde Mensch. Er ist grausam gestorben. Auf diese Weise hat Gott uns vergeben. Weil er alles auf sich genommen hat.
Das tut er auch weiter. Auch nach seinem Tod.
Gott vergibt weiter.
Auch noch nach dem Tod von Jesus Christus.
Wer an Christus glaubt, dem vergibt er.
Menschen bekommen das als Geschenk.
Das ist »Gnade«. Das ist das »Gesetz des Glaubens«.

Von der Tiefe der Leichtigkeit – Theologische Herausforderungen und Entdeckungen

Fängt man an, biblische Texte in Leichte Sprache zu übertragen, kommt man schnell an den Punkt, sich immer wieder zu fragen: Was heißt das denn jetzt eigentlich? Und in der intensiven Auseinandersetzung und dem Ringen um Worte und Formulierungen ergibt sich manchmal etwas, das man vorher noch gar nicht entdeckt hat oder auf einer anderen Ebene noch mal ganz neu versteht. Zum Beispiel wie sag ich »aus Glauben gerecht werden« so, dass es hoffentlich wirklich verständlich ist, ohne verkürzt und flach zu sein, sondern mit theologischer Tiefe. Das führt selber mal wieder in die Tiefe hinein und heraus aus jahrelang geübten, gehörten, (nach)gesprochenen Formulierungen. Und plötzlich merkt man bei der Übertragungsarbeit, gedanklich arbeite ich gerade schon an einer Predigt. Denn es stellt sich eben immer die Frage: Was heißt das denn jetzt eigentlich? Wie sage ich es, dass es heute verständlich ist für Menschen ohne Vorwissen, ohne mit biblischer Sprache vertraut zu sein?

Und dann findet sich z. B. ein Text, der Barrierefreiheit geradezu als eine göttliche Forderung und Bedürfnis aufscheinen lässt, um unbehindert zu den Menschen kommen zu können:

> »Es ist eine Stimme eines Predigers in der Wüste: Bereitet den Weg des Herrn und macht seine Steige eben! Alle Täler sollen

erhöht werden, und alle Berge und Hügel sollen erniedrigt werden; und was krumm ist, soll gerade werden, und was uneben ist, soll ebener Weg werden. Und alle Menschen werden den Heiland Gottes sehen.« (Lk 3,4b–6 → Jes 40,3–5; Texte zum 3. Advent)

Oder in Leichter Sprache so:

»Gott wird kommen. Und dann werden alle Berge flach. Die Straßen gerade. Ohne Kurven. Schlechte Wege werden gut. Alle Menschen sollen Gottes Heiland sehen: seinen Sohn. Seinen Boten.«

Warum haben wir diese Perikopen ausgewählt und andere nicht?

Orientiert haben wir uns in der Auswahl für dieses Buch an den sechs Lesereihen, die in den evangelischen Kirchen im deutschsprachigen Raum üblich sind. Alle dort vorgeschlagenen Texte für alle Sonn- und Feiertage aufzunehmen, hätte den Rahmen dieses Buches bei weitem gesprengt und alle Mitwirkenden im Umfang überfordert. Also mussten wir uns für und gegen Texte entscheiden. Das ist nicht immer leicht. Für manchen Anlass sind mehr als zwei Texte vorgeschlagen, die man gern im Kanon dieses Buches sehen möchte. Des Öfteren gab es aber auch die andere Situation: Welchen von denen sollen wir bloß nehmen? Sie scheinen doch alle nicht prädestiniert zu sein, sich im Gewand der Leichten Sprache zu zeigen. Im Hinblick auf das ganze Kirchenjahr haben wir auf Verschiedenes geachtet:

- auf eine angemessene Verteilung auf Altes und Neues Testament[7]
- dass die verschiedenen Textgattungen ausgeglichen vertreten sind: Evangelientexte, Episteltexte, Prophetische Bücher, Geschichtsbücher und Torah
- dass ein Bezug zum Thema des Sonn- oder Feiertags gut erkennbar ist
- dass die Texte übertragbar sind in Leichte Sprache und nicht z. B. die Fülle sprachlicher Bilder zu viele Rampen nötig macht und so die Textästhetik zerstört

---

[7] Vgl. Jahn, Christine, (Hrsg.), Arbeit an der Perikopenrevision im Auftrag von EKD, UEK und VELKD, Erste Entwürfe zur Diskussion, Advent, Hannover 2012, 14.

- auf einen nicht zu hohen Schwierigkeitsgrad, was das nötige theologische Vorwissen betrifft (z.B. Vorletzter Sonntag des Kirchenjahres Apk [Offb] 2,8–11)
- auf die Prominenz der Texte (Weihnachten ohne die Weihnachtsgeschichte wäre undenkbar gewesen.)
- auch »Frauentexte« aufzunehmen
- keine Doppelungen (Einzug in Jerusalem, 1. Advent und Palmsonntag) aufzunehmen

Neue Perikopenordnung *ante portas*

Für 2017 wird von der EKD, der UEK und der VELKD eine Perikopenrevision angestrebt.[8] Zu den vier Adventssonntagen 2012 ist zur Erprobung ein erster in den Umlauf gekommen. Zu unserer Freude sind alle Texte, die wir für die vier Sonntage ausgewählt haben, nach diesem Entwurf auch weiterhin Bestandteil der Perikopenordnung. Und: Wie in unserer Auswahl ist für den 1. Advent Psalm 24 nach der neuen Ordnung »nicht nur als Gebetstext, sondern auch als Predigttext« aufgenommen worden.[9]

Zum Druckbild dieses Buches

Das Druckbild dieses Buches richtet sich nicht streng nach den Kriterien, die an Texte in Leichter Sprache üblicherweise angelegt werden. Also z.B. ein Satz pro Zeile, eine extragroße Schriftgröße, farbliche Hervorhebungen, bildliche Unterstützung vermittels von Piktogrammen. Das würde wiederum den Rahmen dieses Buches sprengen. Zudem richtet sich das Buch an einen Adressatenkreis, für den diese Unterstützungen zum Verständnis nicht notwendig sind.

Wer schreibt?

Wir sind diese Übertragungsaufgabe gemeinsam angegangen: Eine Gemeindepastorin, die Erfahrung mit inklusiven Gottesdiensten hat; eine weitere Gemeindepastorin, die schon an der (ungleich größeren) Übersetzungsaufgabe der Bibel in gerechter Sprache mitgewirkt hat; ein Predigerseminarsdirektor mit Erfahrung im Bereich Sprachbildung bei angehenden Pastorinnen und

---

[8] Ebd., 9.
[9] Ebd., 17.

Pastoren und der Sensibilität für den jüdisch-christlichen Dialog; ein katholischer Kollege aus dem Deutschen Liturgischen Institut in Trier, dessen Perspektive ökumenische Akzente einbringt; eine Pastorin aus dem Gottesdienst-Institut der Nordkirche mit dem besonderen Blick auf die Aus- und Fortbildung von Hauptamtlichen einerseits und die Arbeit mit Lektorinnen und Lektoren andererseits; sowieso dem Direktor des Michaelisklosters mit der doppelten Aufmerksamkeit für die musikalisch-poetische und die theologische Ausdrucksweise des gesprochenen Wortes. Jeder hat ein Sechstel der Übertragungen und Gebete erstellt. Kritische Fragen haben wir gemeinsam diskutiert und entschieden. Die Endfassung verantworten die beiden Herausgeberinnen und der Herausgeber.

Für wen schreiben wir?

Das Buch ist gedacht für alle, die in Gottesdiensten das Wort ergreifen: Pastorinnen und Lektoren, Prädikanten und Schulpastorinnen, Gottesdienstteams und Ehrenamtliche in Krankenhäusern und karitativen Einrichtungen. Es ist für die Arbeit mit Konfirmanden genauso gedacht wie für Menschen, die erste Schritte im christlichen Gottesdienst gehen wollen und mit den Sprachtraditionen des klassischen Lektionars nicht vertraut sind.

Das Buch wird erschlossen durch ein Register der Bibelstellen. Darin wird auch auf das Vorkommen der jeweiligen Perikopen in der katholischen Leseordnung verwiesen.

Wer versucht, die Regeln von Leichter Sprache auf gottesdienstliche Rede anzuwenden, merkt, dass sich die Sachverhalte selbst verändern. Das haben wir im Übertragungsprozess erlebt. Leichte Sprache entlarvt eine Sicherheit, die von überkommenen Wortkombinationen getragen wird. In den allermeisten Fällen bewirkt der »Zwischenfilter« Leichte Sprache aber, dass die Texte an Einfachheit, an Hörbarkeit, an Klarheit und gelegentlich an Demut gewinnen.

Hamburg, im Januar 2013
Anne Gidion und Raute Martinsen

Vorwort zur Neuauflage 2023

Grundlage unserer ersten Fassung von »Leicht gesagt!« waren die Regeln der Leichten Sprache[10], die im Kontext der Selbsthilfebewegungen entstanden sind. Im Vordergrund standen kurze Sätze sowie die Vermeidung von Fremdwörtern und Negationen. Für biblische Worte und Sprachbilder, die wir auch in den Übertragungen erhalten wollten, haben wir Verstehenshilfen (»Rampen«) vorangesetzt. Wir haben in Kauf genommen, dass poetische, literarische und eben biblische Texte auf den ersten Blick viel an sprachlichem Eigensinn verlieren, wenn man sie mit Hilfe von Leichter Sprache überträgt.

Dabei war uns schon damals wichtig: Die Ergebnisse der Übertragungen mit[11] Leichter Sprache sind vorläufig und kontextabhängig. Den Regeln eignet ein rechtlich-normativer Gestus, den Übertragungen für den liturgischen Gebraucht dezidiert nicht. Im Sprachfeld Gottesdienst müssen sie sich erst bewähren. »Eine nur technisch verstandene Einfachheit ist zu simpel. […] Gelungene Verständigung (ist) ein Akt der Liebe, eine Liebe, die erfinderisch ist und im Gespräch mit denen, die zuhören, neue Bilder, Geschichten und Einfälle empfängt – und dann verständlich zu sagen, wie schön Gott ist.«[12]

Seit der ersten Auflage von »Leicht gesagt!« hat Leichte Sprache sich weiterentwickelt – sowohl in der Praxis als auch im wissenschaftlichen Diskurs[13]. Auch die Sprachwissenschaft fragt mittlerweile, wie Leichte Sprache und sakrale Sprache zu integrieren sind. Eröffnet allein das Vermeiden schwieriger Wörter die biblischen Texte? Erste empirische Erkenntnisse hinsichtlich der Verwendung von Leichter Sprache im Alltagsleben zeigen: Das »Vermeiden« von Fach- und Fremdworten und der komplette Ver-

---

[10] www.leichtesprache.org (vom 10. Juli 2023).
[11] Die Formulierung »mit« Leichter Sprache bedeutet, dass die Regeln nicht komplett konsequent verwendet werden, z. B. wenn auf die Einbeziehung von Prüfgruppen verzichtet wird.
[12] Kunz, Ralph, »Nichts ist ohne Sprache« (1 Kor 14,10). Kommunikation des Evangeliums einfach verständlich, in: epd-Dokumentation 40–41 (2021), 18–24, 23.
[13] Umfänglich in: Bredel, Ursula/Maaß, Christiane, Leichte Sprache. Theoretische Grundlagen. Orientierung für die Praxis, Berlin 2016. Dort werden die bestehenden Regelwerke zueinander in Beziehung gesetzt und sprachwissenschaftlich reflektiert.

zicht auf Negationen können das Verstehen auch komplizierter machen. Bei biblischen Texten, die auch für das laute Lesen gedacht sind, besteht bei der Übertragung die Gefahr, dass die Texte beim Hören eben nicht mehr als biblische Texte erkannt werden.

Die neue Ordnung gottesdienstlicher Texte und Lieder, die im Advent 2018 in der Evangelischen Kirche eingeführt worden ist, nimmt eine Reihe von Änderungen in der Auswahl der biblischen Texte vor. Diese Änderungen haben wir zum Anlass für eine Neuauflage der inzwischen vergriffenen ersten Fassung genommen. Wir haben ungefähr 25 biblische Texte, die nicht mehr zum Kanon der Lesetexte gehören, gegen neue ausgetauscht und im Übrigen im Lichte unserer Erfahrungen mit Leichter Sprache im Gottesdienst grundlegend überarbeitet. In der Spannung von »Vermeiden« schwerer Worte und dem gleichzeitigen »Zumuten«[14] manch theologischer Tiefe, die sich der Leichtigkeit sperrt (vor allem im weihnachtlichen Johannesprolog!) loten wir weiter aus, wie biblische Texte mit Leichter Sprache klingen können. Bei unserem ersten Anlauf vor gut zehn Jahren haben wir uns diesen Herausforderungen bereits ohne die sprachwissenschaftliche Fundierung gestellt. Für die Neuauflage haben wir vor allem die grammatikalischen Regeln konsequenter angewendet.[15] Leichte Sprache in der Version des Dudens von 2016 verwendet nur zwei Tempora (Indikativ Präsens und Perfekt), Aktiv statt Passivformulierungen und nur drei Genera (Nominativ, Dativ, Akkusativ)[16]. Dies haben wir in der Neubearbeitung möglichst konsequent umzusetzen versucht.

Wir – die Autorinnen und Herausgeber des neuen Bandes – sind in der evangelischen und katholischen Kirche unter anderem in der Liturgiedidaktik tätig (gewesen). In vielfältigen Gottesdienstformen haben wir Texte der Erstauflage von »Leicht

---

[14] Bock, Bettina M., Im Spannungsfeld zwischen Vermeiden und Zumuten: »Leichte Sprache« in religiöser Kommunikation, in: epd-Dokumentation 40–41 (2021), 13–17.

[15] Aufgrund der typologischen Gepflogenheiten im Verlagsprogramm und unter Rücksicht auf Umfang und Kosten haben wir allerdings auf Großdruck und Zeilenabstände, wie sie der Duden für den Druck leichter Sprache empfiehlt, verzichtet.

[16] Bredel, Ursula/Maaß, Christiane: Leichte Sprache. Theoretische Grundlagen, Orientierung für die Praxis, Sprache im Blick (Duden), Berlin 2016.

gesagt!« gottesdienstlich erprobt und in Kursen damit experimentiert[17].

Wir danken allen, die mit uns in Workshops gearbeitet und sich selbst in der Übersetzung in Leichte Sprache ausprobiert haben. Unser Dank geht an die Evangelische Verlagsanstalt Leipzig mit Frau Dr. Annette Weidhas, die einer überarbeiteten Neuauflage zugestimmt hat. Außerdem danken wir der Evangelischen Kirche in Deutschland für einen erheblichen Druckkostenzuschuss zu dieser Auflage.

Und nun hoffen wir auf einen guten Gebrauch in lebendigen und einladenden Gottesdiensten. Der poetische Klang biblischer Texte der Luther-Übersetzung ist vielen vertraut. Die kurzen Sätze Leichter Sprache treten mit eigenem Klang dazu. In unserem Verständnis wollen sie nicht ersetzen, sondern ergänzen.

Wir sind überzeugt: Ihr Sprachklang lädt in eigener Weise zum Hören und Beten ein.

Lesen Sie selbst!

Berlin und Hildesheim, Juli 2023
Anne Gidion und Jochen Arnold

---

[17] Dank sei an dieser Stelle gesagt an Dr. Simone Pottmann und Dr. Christian Stäblein. Beide haben am ersten Band substanziell mitgewirkt. Für die Neuauflage haben sie zugestimmt, dass ihre Übertragungen komplett überarbeitet werden.

*Biblische Lesungen und Gebete
zu den einzelnen Sonn- und Feiertagen*

1. Sonntag im Advent

Psalm 24 | *Macht die Tore weit auf*
Sacharja 9,9f. | *Auf dem Rücken von einem Esel*
Matthäus 21,1–9 | *Jesus zieht in Jerusalem ein*

Psalm 24 | Ein Lied

Die ganze Erde gehört Gott.
Alles, was auf der Welt lebt.
Ruhig kreist die Erde auf ihrer Bahn.
Gott hält Meer und Land in seiner Hand.

Wer darf auf den Berg von Gott gehen?
Wer darf an den heiligen Ort von Gott kommen?

Ehrliche Menschen dürfen das.
Sie sagen die Wahrheit.
Sie haben ein reines Herz.

Solche Menschen hat Gott lieb.
Gott segnet sie.
Gott mag solche Menschen.
Sie fragen nach ihm. Sie suchen ihn.

Macht die Tore weit auf und die Tempel-Türen hoch!
Ein König will einziehen. Stark und schön ist er.

Wer ist dieser starke und schöne König?
Es ist Gott, der Herr.
Gott ist stark und mächtig,
Sieger im Kampf.

Macht die Tore weit auf und die Tempel-Türen hoch!
Ein König will einziehen. Stark und schön ist er.

Wer ist dieser starke und schöne König?
Es ist der Herr über Himmel und Erde.
Auch die Engel gehören zu ihm.
Gott, der Herr, ist König. Stark und schön.

Sacharja 9,9f.

Sacharja ist ein Prophet. Gott redet mit ihm. Gott sagt ihm eine Botschaft. Die Botschaft soll er an die Leute von Jerusalem weitersagen. Es geht um einen großen König. Er soll auf dem Berg Zion regieren. Das ist mitten in Jerusalem.

Freut euch, ihr Menschen auf dem Berg Zion.
Und ihr Einwohner von Jerusalem jubelt laut!
Schau doch hin:
Ein König kommt zu dir. Dieser König gehört zu dir!
Er setzt sich für Gerechtigkeit ein.
Der König hilft den Menschen.
Aber er ist arm.
Der König reitet auf einem Esel.
Ein Fohlen ist es, ganz klein.

Gott sagt:
Ich will Wagen für den Krieg und Pferde zerstören in Jerusalem.
Waffen will ich zerbrechen.
Denn der neue König befiehlt den Völkern:
Es ist Friede.
Das Reich von dem neuen König ist riesig.
Von einem Meer zum anderen herrscht der König.
Er schafft Frieden.
Und der König herrscht von einem großen Fluss bis
an das Welt-Ende.

Matthäus 21,1-9

Jesus und seine Freunde kommen in die Nähe von
der Stadt Jerusalem. Sie sind fast bis zum Ölberg gekommen.
Da schickt Jesus zwei von den Freunden voraus.
Jesus sagt ihnen:
Geht in das Dorf da vorne. Dort findet ihr eine Eselin.
Die Eselin ist angebunden. Sie hat ein Fohlen bei sich.
Bindet die Eselin los. Bringt beide Tiere zu mir. Vielleicht fragt euch jemand warum. Dann sagt ihr einfach: Jesus braucht die Tiere. Dann bekommt ihr die Eselin und das Fohlen.
Der der Prophet Sacharja hat vorausgesagt:
Sagt der Tochter Zion – das ist ein anderer Name für Jerusalem:
Dein König kommt zu dir.

Er ist sanft und reitet auf einer Eselin.
Und ihr junges Fohlen ist auch dabei.

Die beiden Jünger machen sich auf den Weg.
Sie tun, was Jesus gesagt hat.
Die Jünger bringen die Eselin und das Fohlen herbei.
Dann legen sie ihre Mäntel über die Tiere.
Jesus setzt sich darauf.
Viele Menschen breiten ihre Kleider auf dem Weg aus. Andere Menschen brechen Zweige von den Bäumen ab.
Die Menschen legen die Zweige vor Jesus auf die Straße. Vor und hinter Jesus drängeln sich die Menschen und rufen:
Hosianna! Das heißt: Gott, wir loben dich! Gott, wir segnen dich!
Jesus kommt im Namen von Gott.
Lobt ihn von ganzem Herzen!

Vorspruch Kyrie

Wo bist du, Gott?
Kannst du uns helfen?
Wir bitten dich:
Hilf uns. Wir machen die Tür für dich auf. Komm zu uns.
Kyrie – Christe – Kyrie

Tagesgebet

Jesus, du bist König im Himmel.
Von dort kommst du in unsere Welt.
Bitte komm auch in unser Leben.
Wir öffnen dir unser Herz.
Wenn du da bist, Jesus,
dann wohnt Gott bei uns.
Amen.

2. Sonntag im Advent

Jesaja 63,15–64,3 | *O Heiland, sieh vom Himmel herab*
Jakobus 5,7–8 | *Seid geduldig!*

Jesaja 63,15–64,3

Der Prophet ruft zu Gott:
Sieh vom Himmel herab!
Sieh auf die Erde! Wo bist du? Was tust du für uns?
Was tust du für mich? Ich leide. Du fehlst mir.
Wir kommen von dir. Hier sind wir fremd.
Du bist unser Vater, wir nennen dich: Unser Erlöser.
Viele vor uns haben dich schon so genannt.
Ach, komm. Komm bald. Komm zu uns.
Die Natur soll es merken: Bald ist alles anders. Es ist wie im Traum.
Berge zerfließen, alles ist neu.
Nur du bist Gott.
Du hilfst uns.
Wir warten auf dich.

Jakobus 5,7–8

Jakobus schreibt Briefe an die christlichen Gemeinden. Er schreibt:

Ihr Lieben! Seid geduldig. Wartet, bis Gott wiederkommt.
Viele Menschen müssen warten. Zum Beispiel der Bauer. Er wartet auf die Ernte.
Im Herbst und im Winter wartet er auf den Regen.
Genauso geduldig sollt ihr auch sein. Seid mutig.
Gott kommt bald wieder.

Tagesgebet

Gott, unser Vater.
Wir bitten dich. Komm zu uns.
Komm vom Himmel.
Wir vermissen dich hier.
Jesus,
bald feiern wir deinen Geburtstag.
Ein Fest!
Wir sehnen uns danach.
Heiliger Geist, Kraft und Licht.
Du hilfst uns warten.
Du füllst das Herz.
Erfülle uns ganz.
Gott, du bist Vater, Sohn und Geist.
Du kommst ganz sicher.
Amen.

3. Sonntag im Advent

Jesaja 40,1–11 | *Tröste mein Volk!*
Lukas 1,67–79 | *Lobgesang von Zacharias*
Lukas 3,1–16 | *Johannes predigt und tauft*

Jesaja 40,1–11

Gott spricht mit Jesaja. Er trägt ihm etwas auf:

Bitte tröste mein Volk! Mein Volk – das sind alle Menschen, die zu mir gehören.
Sprich freundlich mit den Menschen aus der Stadt Jerusalem.
Tröste mein Volk! Sprich freundlich zu meinem Volk!

Denn mein Volk ist weggegangen von zu Hause.
Aus der Stadt Jerusalem.
Erzähl ihnen von mir. Ich bin ihr Gott.
Und ich sage: Meinem Volk geht es bald wieder gut.
Sie haben früher viel falsch gemacht. Deswegen ging es ihnen schlecht.
Ich habe das so gewollt. Aber das ist jetzt vorbei.
Jetzt komme ich zu meinem Volk.
Also: Bahnt einen Weg durch die Wüste.
In der Wüste wächst nichts. Baut eine Straße. Genau da!
Ich bin Gott. Und ich will zu den Menschen kommen.
So wünsche ich es: Alle Berge werden flach.
Schlechte Wege werden gut.
Alle erfahren: Ich bin wunderbar.
Ich bin Gott. Ich will das so.
Du, Jesaja! Erzähl den Menschen von mir.
Jesaja fragt: Was genau sage ich ihnen?
Gott sagt: Ich bin ihr Gott.
Sag ihnen: Alles lebt und muss dann sterben.
Blumen blühen. Dann verblühen sie wieder.
Tiere leben. Sie fressen und trinken. Dann sterben sie.

Menschen leben. Sie essen und trinken. Irgendwann sterben sie.
Wie die Blumen auf dem Feld.
Aber Gott stirbt niemals. Er hält sein Wort. Er liebt die Menschen.
Das ist immer so. Und so bleibt es auch.

Lukas 1,67–76

Zacharias ist der Vater von Johannes.
Der Geist von Gott rührt Zacharias an.
Zacharias singt ein Lied:
Ich preise den Gott von Israel.
Gott hat sein Volk angenommen.
Er hat es gerettet.
Er hat einen starken Retter geschickt.
Einen Nachkommen von David.
Das hat er erzählt. Schon vor langer Zeit.
Und die Propheten haben es gesagt.
Dieser Retter befreit uns aus der Hand der Feinde.
Er holt uns aus der Gefangenschaft böser Menschen.
Er hat Mitleid mit seinem Volk und hilft uns.
So, wie er es unseren Großeltern (schon vor langer Zeit)
versprochen hat.
Abraham hat er geschworen:
Ich befreie euch von euren Feinden.
Deshalb schenken wir ihm unser ganzes Leben.
Wir loben seinen Namen.
Zu Johannes sagt er: Bald sagst du das Wort von Gott.
Bald gehst du dem Herrn voraus.

Lukas 3,1–16 (in Auszügen)

Es ist schon lange her:
Herodes ist König in Israel. Pilatus ist Aufseher in Jerusalem.
In dieser Zeit geht ein Mann durch die Wüste. Er heißt Johannes.
Er hörte die Stimme von Gott. Johannes kommt an den Fluss
Jordan. Mitten in der Wüste.
Johannes ruft:
Gott hat zu mir gesagt: Erzähl den Menschen von mir!
Sag ihnen: Lasst euch taufen. Hier im Jordan-Wasser.
Ich nehme ihre Schuld weg.
Darum: Glaubt an Gott. Und lebt mit ihm.
Gott kommt bald zu euch.

Die Propheten haben früher gesagt: Einmal werden alle Berge flach. Alle Straßen werden gerade.
Schlechte Wege werden gut.
Ein Bote von Gott kommt. Alle auf der Welt sehen dann Gott.
Alle sehen: Gott rettet die Welt.

Johannes warnt die Menschen.
Er sagt: Lebt anders! Lebt, wie es Gott gefällt.
Sonst bleibt die Welt schlecht. Und Gott bleibt wütend auf euch.
Gott hat Abraham geliebt. Aber jetzt geht es um euch.
Ändert euer Leben. Sonst seid ihr am Ende.

Die Menschen fragen Johannes: Wie geht das? Was sollen wir tun?
Johannes sagt den Menschen: Manche Menschen haben nichts.
Deshalb teilt miteinander!
Wer zwei Hemden hat, soll eines weggeben.
Manche Menschen haben Hunger. Deshalb:
Wer etwas zu essen hat, soll davon abgeben.

Ein Zöllner arbeitet an der Grenze zwischen zwei Ländern. Menschen bezahlen an der Grenze. Erst dann dürfen sie hinüber. Oft nehmen Zöllner den Menschen viel Geld ab. Mehr als es kostet.

Ein Zöllner fragt Johannes: Wie kann ich mein Leben verändern?
Johannes sagt zu ihm: Hör auf zu betrügen! Ein Grenz-Übergang kostet eine bestimmte Menge Geld.
Das legt das Gesetz fest. Nimm nur so viel Geld von den Leuten.
Einige Soldaten fragen Johannes: Wie können wir unser Leben verändern?
Johannes sagt zu ihnen: Gott findet Gewalt schrecklich.
Ihr bekommt Geld für eure Arbeit. Lasst den anderen, was ihnen gehört. Seid gerecht zu ihnen. Ändert euer Leben. Sonst verspielt ihr eure Chancen bei Gott!
Danach denken viele: Johannes ist es!
Auf den haben wir so lange gewartet.
Er ist der auserwählte Botschafter von Gott bei den Menschen.
Aber Johannes sagt: Das ist ein anderer. Der ist wichtiger als ich.
Ich taufe euch nur mit Wasser. Der Botschafter von Gott – *er meint Jesus* – tauft euch mit Heiligem Geist und Feuer.

4. Sonntag im Advent

Lukas 1,26–33 (34–37) 38 | *Ein Engel bei Maria*
Lukas 1,39–55 | *Lobgesang von Maria*

Lukas 1,26–38

Gott schickt seinen Boten in die Stadt Nazareth.
Der Bote ist ein Engel. Er heißt Gabriel.
Gott schickt ihn zu einer jungen Frau. Sie ist verlobt mit Josef. Er kommt aus der Familie von König David.
Die junge Frau heißt Maria.
Der Engel kommt zu ihr. Er sagt:
Gott hat etwas ganz Besonderes mit dir vor.
Der Engel sagt es so: Sei gegrüßt, du Begnadete!
Der Herr ist mit dir!
Maria erschrickt.
Aber der Engel sagt: Vertraue mir. Gott schaut auf dich.
Bald bist du schwanger. Du bekommst einen Sohn.
Nenn ihn Jesus! Das ist ein besonderer Mensch. Er ist der Sohn von Gott. Sohn vom Höchsten nennt man ihn. Und Gott macht ihn zum König.
Jesus ist dann für immer König. Auf dem Thron von David.
Er herrscht für alle Zeit.
Maria sagt zu dem Engel: Wie geht das?
Wie bekomme ich ein Kind? Ich habe doch keinen Mann.
Der Engel antwortet ihr: Der Heilige Geist umgibt dich.
Die Kraft vom Höchsten kommt über dich.
Denn dein Sohn ist heilig.
Alle nennen ihn dann Sohn von Gott.
Denn bei Gott ist alles möglich.
Und Maria sagt: Ich bin bereit. Was Gott will, das soll geschehen.
Und der Engel geht weg von ihr.

Lukas 1,39-55

Maria macht sich auf den Weg. Sie geht zu Elisabeth.
Elisabeth ist ihre Verwandte. Sie sind gut befreundet.
Auch Elisabeth ist schwanger. Bald kommt das Kind.
Maria begrüßt Elisabeth.
Und Elisabeth weiß: Maria bekommt ein Kind.
Ein besonderes Kind: der Sohn von Gott.

Maria sagt:
Meine Seele lobt Gott. Denn Gott ist groß.
Ich denke an Gott und freue mich. Denn er hilft mir.
Ich bin ein kleiner Mensch.
Doch der große Gott schaut auf mich.
Alle Menschen werden sagen: Gott hat Maria groß gemacht.
Gott ist heilig. Gott ist mächtig.
Alle Menschen loben ihn. Ihnen ist er nahe.
Gott hat Kraft. Stolze Menschen verachtet er.
Gott stürzt die Mächtigen vom Thron.
Und die Kleinen macht er groß.
Gott beschenkt die Hungrigen.
Die Reichen schickt er mit leeren Händen fort.
Gott kümmert sich um sein Volk Israel.
Das hat er Abraham vor langer Zeit versprochen.

Tagesgebet

Gott,
du willst zu uns kommen.
Und wir wollen zu dir.
Vieles steht zwischen uns.
Es steht im Weg.
Hilf uns! Mach den Weg frei!
Ohne dich schaffen wir es nicht!
Dann erst können wir zusammenkommen.
Amen.

Abendmahlsgebet und Einsetzungsworte

Lobgebet

Ja, so soll es sein:
Wir danken dir, Vater im Himmel,
für deinen Sohn Jesus Christus.
Du liebst uns Menschen. Du willst bei uns sein.
Dein Engel kommt zu Maria.
Er sagt ihr deine frohe Botschaft.
Und sie vertraut dir.
Wir freuen uns mit Maria.
Wir loben dich und singen mit allen deinen Engeln:

Heilig, heilig, heilig ...

Abendmahlsgebet I

Ja, du bist heilig, großer Gott.
Deshalb kommen wir hier zusammen.
Wir feiern mit allen, die zu dir gehören.
Wir feiern Advent.
Und wir warten auf deinen Sohn Jesus.

Deshalb bitten wir dich:
Lass deinen Geist auf diese Gaben kommen.
Er macht sie heilig.
Die Gaben sind dann Christus für uns.
So ist er in unserer Mitte. (Amen)

Einsetzungsworte

Es ist heute ähnlich wie damals.
Beim Abendmahl mit seinen Freunden nimmt Jesus das Brot.
Er dankt Gott dafür. Er zerbricht das Brot in Stücke. Und er gibt sie seinen Freunden.
Dazu sagt er:
Nehmt und esst alle davon:
Das bin ich für euch.
Genauso nimmt er nach dem Essen den Becher.
Er dankt Gott. Und er gibt ihn seinen Freunden.
Dazu sagt er:
Nehmt und trinkt alle daraus.
Das bin ich für euch.

Gott vergibt euch.
Tut das immer wieder. Erinnert euch an mich.

Jesus Christus ist für uns gestorben.
Er ist vom Tod erstanden.
Er kommt in Herrlichkeit.

Abendmahlsgebet II

Darum, guter Gott, feiern wir heute.
Was Jesus gesagt hat, das tun wir jetzt.
Vor dich bringen wir das Lebens-Brot
und den Bundes-Kelch.
Wir bitten dich:
Lass uns dabei sein.
Wir wollen mit Jesus Christus leben.
Zusammen mit allen, die zu dir beten.
Mit der ganzen Kirche.
Zusammen mit allen, die schon gestorben sind.
Zusammen mit allen, die noch geboren werden.
Damit wir dich loben und preisen für deinen Sohn Jesus Christus.

Er hat uns gesagt, wie wir beten können.
Deshalb breiten wir unsere Arme aus und beten:
Vater unser ...

Christvesper

Jesaja 9,1–6 | *Ein Volk ist im Dunkeln unterwegs*
Lukas 2,1–14 (15–20) | *Weihnachtsgeschichte …*

Jesaja 9,1–6

Gott hat Jesaja etwas gezeigt. Davon erzählt Jesaja:

Ein Volk ist im Dunkeln unterwegs.
Aber das Volk sieht ein großes Licht.
Das Licht scheint sehr hell.
Über allen Menschen im dunklen Land.
Da loben die Menschen Gott vor Freude und sagen:
Gott, du lässt uns wieder jubeln!
Wir können uns wieder freuen.
Bei dir werden Menschen froh.
So froh wie Leute nach einer guten Ernte.
Bei dir werden Menschen glücklich.
So glücklich wie Leute, die ein Geschenk bekommen.
Denn du hast die schwere Last von ihren Schultern genommen.
Stäbe zum Schlagen hast du zerbrochen.
Jeder Kriegs-Stiefel wird verbrannt.
Und jeder Mantel voll mit Blut verbrennt im Feuer.

Denn für uns ist ein Kind geboren.
Ein Sohn ist uns gegeben.
Er hat jetzt die Herrschaft.
Und er heißt: Wunder-Rat, Gott-Held, Ewig-Vater, Friede-Fürst.
Überall soll er herrschen. Und der Friede geht immer weiter.
Auf dem Thron von David und in seinem ganzen Königreich.
Er macht den Frieden stark.
Denn der Sohn ist gerecht. Heute und immer.
Das alles tut Gott. Er ist der Herr über alle Engel.

Lukas 2,1–14 (15–20)

Augustus ist Kaiser in Rom. *Das ist über 2000 Jahre her.*
Da beginnt die Geschichte. Augustus befiehlt:
Zählt alle Menschen!
Und so gibt es die erste Volks-Zählung im römischen Reich.
Alle Menschen machen sich auf. Sie lassen sich zählen.
Jeder reist in seine Geburtsstadt.
Auch Josef aus Nazareth macht sich auf den Weg.
Er geht nach Bethlehem. Bethlehem ist auch die Geburtsstadt
von König David.
Josef gehört zur Familie von David. Josef und Maria lassen sich
in Bethlehem zählen.
Maria ist schwanger. Sie kommen in Bethlehem an.
Da setzen bei Maria schon die Wehen ein.
Maria bringt ihren ersten Sohn zur Welt. Sie wickelt ihn und legt
ihn in eine Krippe. Aus einer Krippe fressen sonst die Tiere.
Denn sie haben nur diesen Platz in der Unterkunft.

Ganz in der Nähe sind Hirten auf dem Feld.
Die hüten ihre Herde in der Nacht.
Zu ihnen kommt ein Engel. Der Engel kommt von Gott.
Plötzlich leuchtet ihnen ein helles Licht von Gott.
Da bekommen die Hirten furchtbare Angst.
Aber der Engel sagt zu ihnen: Fürchtet euch nicht!
Vertraut auf Gott! Freut euch!
Freut euch, alle Menschen!
Für euch ist heute der Retter geboren.
Das ist Christus, der Herr.
Er ist geboren in Bethlehem, der Stadt von David.
Und das ist euer Zeichen:
Ihr findet ein kleines Kind. Es liegt in einer Krippe.

Und plötzlich sind viele Engel da.
Sie alle loben Gott und singen:
Gott ist wunderbar in der Höhe.
Und sein Friede kommt zu den Menschen. Er hat sie lieb.

Dann kehren die Engel in den Himmel zurück.
Da sprechen die Hirten zueinander:
Auf, wir gehen nach Bethlehem.

Lasst uns sehen: Was ist da geschehen?
Was schenkt Gott uns da?

Sie gehen schnell dorthin. Und sie finden Maria und Josef und das Kind in der Krippe.
Später erzählen sie alles weiter. Alle wundern sich darüber.
Aber Maria merkt sich alle Worte genau. Sie bewahrt die Worte in sich.
Die Hirten gehen zurück. Sie haben viel gesehen und gehört.
Dafür loben sie Gott.
So hat es der Engel zu ihnen gesagt.

Tagesgebet

Gott, du bist so unfassbar groß.
Und doch kommst du zu uns als kleines Kind.
Dein Engel erzählt den Hirten: Du bist wunderbar!
Das verstehen sie kaum.
Die Hirten haben Angst.
Aber dein Engel sagt: Fürchtet euch nicht! Habt Vertrauen!
Das wollen wir glauben. Das wollen wir heute feiern.
Amen.

Christnacht

Ezechiel 37,24-28 | *Ein König und Hirte wie David*
Lukas 2,1-20 | *Weihnachtsgeschichte* (s. Christvesper)

Ezechiel 37,24-28

Ein Prophet gibt das Wort von Gott an die Menschen weiter.
Er sagt voraus:

Bald ist David König über das Volk Israel.
Ein König wie ein Hirte ist er dann.
Er weidet alle Menschen wie Schafe: ein einziger Hirte für alle Menschen.
Gott sagt: Dann halten die Menschen meine Gebote.
Dann wohnen sie wieder in ihrem Land.
In diesem Land haben schon eure Väter gewohnt.
Sie und ihre Kinder und Enkel wohnen bald für immer dort.
David ist dann für immer ihr Herrscher.
Ich schließe mit ihnen einen Bund.
Ich verspreche ihnen meine Treue: Dann ist Friede.
Ich will für sie sorgen. Sie bekommen Kinder.
Mein heiliges Haus ist mitten unter ihnen.
Es ist offen. Ich will bei ihnen wohnen.
Ich bin dann ihr Gott. Sie sind mein Volk.
So erfahren auch die Menschen in der Ferne:
Ich bin der Herr. Ich will Israel ganz nah bei mir haben.

Fürbittengebet

Gott, wir danken dir.
Wir sind so froh in dieser Nacht.
Du bist da.
Es ist so hell mitten im Dunkeln.
Wir bitten dich:
Für alle Menschen, die heute traurig sind.
Tröste sie. Sei bei ihnen.
Für alle Menschen, die sich schrecklich finden.

Du liebst sie. Lass sie das fühlen.
Für alle Menschen, die furchtbar müde sind. Gib du ihnen Ruhe.
Und schenk ihnen neue Kraft.

Gott, wir danken dir.
Diese Nacht ist so schön.
So viele Klänge. So viele Lichter.
Wir bitten dich:
Für die Kinder. Dass sie Liebe spüren.
Für alle Erwachsenen. Dass sie gute Worte hören.
Und gute Worte weitersagen.
Für uns. Dass du da bist.

Gott, wir danken dir.
In dieser Nacht verwandelst du unser Leben. Eia, ist das schön mit dir.
Amen.

Christfest I

Johannes 1,1–18 | *Am Anfang ist das Wort*
Titus 3,4–7 | *Neue Geburt durch die Taufe*

Johannes 1,1–18

Johannes schreibt die Geschichte von Jesus auf.
So eine Geschichte nennt man Evangelium.
Das heißt gute Nachricht.
Die Geschichte beginnt mit einem großen Lied.
Viele Christen haben es schon gehört.
Und im Gottesdienst gesungen
Johannes fragt sich:
Wo war Gott vor allem Anfang?
Wo war Jesus ganz am Anfang?
Johannes nennt Jesus das Wort.
Das Lied beginnt im Himmel. Hört!

Ganz am Anfang ist nur Gott da.
Gott in allem.
Auch in allen Worten.
Alles Gott.
Jesus ist das erste Wort.
(Auch) das ist bei Gott.
Im Wort von Gott ist Kraft.
Dieses Wort macht alles.
Alles Leben. Alles Sprechen. (Alles Hören.) Einfach alles.
Im Wort von Gott ist auch Licht.
Dieses Licht scheint für die Menschen.
Das Licht scheint im Dunkeln.
Es ist stärker als das Dunkel.

Jeder Mensch hat dieses Licht in sich.
Jeder Mensch, der geboren wird.
Das Licht scheint von Gott.
Dieses Licht hat die Welt gemacht.

Das Wort ist zu den Menschen gekommen.
Sie gehören zu Gott. Er liebt sie.

Manche von ihnen wollen wenig von Gott wissen.
Das Wort von Gott ist ihnen egal.
Andere dagegen hören das Wort. Sie nehmen Gott an.
Und Gott nimmt sie als seine Kinder an.
Sie glauben an ihn. Sie glauben an seinen Namen.

Dann geschieht etwas ganz Großes:

Das Wort wird Mensch.
Es wohnt bei uns.
Es lebt bei uns als Mensch.
Wir sehen: Das Wort ist wunderbar.
Es strahlt wie Gott selbst.
Das kann nur der einzige Sohn von Gott sein.
So strahlt das Wort vom Vater zu uns: schön und wahr.
Es bringt Gnade von Gott.
Gnade heißt: Gott liebt. Gott ist nahe und für uns da.
Aus diesem großen Schatz von Gnade leben wir jeden Tag.

Das Gesetz hat Mose gegeben.
(Auch die zehn Gebote.)
Aber die Gnade und die Wahrheit kommen von Jesus Christus.
Jesus kommt von Gott.
Er hat ihn selbst gesehen.
Im Gegensatz zu uns Menschen.
Deshalb hat er uns Menschen von Gott erzählt.

Titus 3,4–7

Wir hören aus einem Brief an Titus.
Das ist ein Schüler von Paulus.
Gott hat uns selig gemacht.
Denn er ist zu uns gekommen.
Er hat seinen Retter zu uns geschickt.
Denn Gott ist freundlich. Er liebt die Menschen.
Deswegen kommt Gott zu uns.
Wir arbeiten viel. Wir tun viel Gutes.
Ist das wirklich wichtig?
Nur das zählt: Gott schickt seinen Heiligen Geist.
So verändern wir uns wirklich. Es ist wie eine neue Geburt.

In der Taufe passiert das. Menschen werden neu.
Jesus Christus hat uns den Heiligen Geist geschenkt.
Wir spüren: Das Leben ist ein Geschenk von Gott.
Und es geht immer weiter. Ewig.
Wir hoffen auf Gott.

Tagesgebet

Schenkender Gott!
Bei dir zu sein! Das ist ein ewiger Wunsch von uns.
Wir arbeiten und strengen uns an.
Aber du bist so weit weg.
Jetzt kommst du zu uns.
Schenkst uns, was wir uns so sehr wünschen.
Einfach so. Kaum zu glauben!
Aber wahr! Danke, danke, danke!
Singen, Tanzen, Lachen.
Staunen und Beten.
Das wollen wir für dich.
Unser Geschenk ist das. Für dich.
Amen.

Christfest II

Jesaja 7,10-13 | *Eine Jungfrau wird schwanger*
Matthäus 1,18-25 | *Josef bleibt bei Maria*
2. Korinther 8,9 | *Reichtum bei Gott*

Jesaja 7,10-13

Ahas ist der König im Land Juda. Das ist im Süden von Israel. Er hat Angst vor Gott. Jesaja ist ein Prophet. Er verkündigt die Zukunft.

Gott spricht zu König Ahas: Sprich mit mir! Ruf mich!
Ahas sagt: Ich bin lieber still.
Der Prophet Jesaja spricht stattdessen:
Hört, ihr alle aus der Familie von König David.
Ihr seid wirklich anstrengend.
Anstrengend für andere Menschen. Und anstrengend für Gott.
Deshalb schickt Gott euch ein Zeichen. Vielleicht versteht ihr Gott dann.
Das wird passieren: Eine Jungfrau wird schwanger sein. Sie bekommt einen Sohn. Dem gibt sie den Namen: Immanuel.
Das bedeutet: Gott ist mit uns.

Matthäus 1,18-21 (22-25)

Maria ist mit Josef zusammen. Bis jetzt sind sie nur verlobt. Aber etwas Überraschendes passiert. Maria wird schwanger vom Heiligen Geist.
Josef ist ein frommer Mann. Er will nur Gutes für Maria. Heimlich überlegt er: Ich gehe von Maria weg. Im Traum sieht er einen Engel von Gott. Der Engel sagt zu ihm: Nur Mut, Josef. Du bist ein Sohn von David. Bleib bei Maria. Sie ist schwanger. Das ist sie vom Heiligen Geist. Sie bekommt einen Sohn. Den sollst du Jesus nennen. Das heißt Retter. Denn er rettet sein Volk von den Sünden. Gott hat es vorhergesagt. Deshalb passiert es so.

(Durch den Propheten Jesaja hat Gott gesagt: »Eine Jungfrau ist schwanger. Sie bringt einen Sohn zur Welt. Sie nennen ihn Immanuel. Immanuel bedeutet: Gott ist mit uns.«
Josef wacht aus dem Schlaf wieder auf.
Er gehorcht dem Engel. Er bleibt bei seiner Frau. Sie warten, bis der Sohn da ist. Josef gibt dem Kind den Namen Jesus.)

2. Korinther 8,9

Paulus schreibt an die Gemeinde in Korinth. Das ist eine griechische Stadt. Er erklärt, was arm und reich bei Gott bedeuten:

Ihr habt von Jesus Christus gehört.
Ihr wisst, was er mit dem Wort »Gnade« meint.
Er ist bei Gott gewesen. Da war er reich.
Aber trotzdem ist er Mensch geworden. Ganz arm.
Das hat er für euch getan.
Gott will es so: Jesus wird arm.
Und dadurch werdet ihr reich!

Tagesgebet

Jesus Christus,
du bist das Licht. Du leuchtest hell.
In der heiligen Nacht bist du auf die Welt gekommen.
Du hast uns Licht geschenkt.
Hilf uns, Licht weiterzugeben.
Du bist da.
Das feiern wir.
Darum beten wir dich an.
Dafür singen wir dir unsere Lieder.
Amen.

1. Sonntag nach dem Christfest

| Jesaja 49,13-16 | Gott tröstet sein Volk |
| Matthäus 2,13-21 | Flucht nach Ägypten |

Jesaja 49,13-16

Freut euch, Himmel und Erde.
Lobt fröhlich Gott, ihr Berge!
Denn Gott tröstet sein Volk.
Er hilft den Schwachen.
Die Stadt Jerusalem klagt:
Gott hat mich im Stich gelassen.
Mein Gott hat mich vergessen.
Aber Gott sagt: Kann eine Mutter ihr Baby vergessen?
Hat sie nicht Mitleid mit dem Kind, das sie geboren hat?
Ich jedenfalls denke an dich, sagt Gott.
Ich habe deinen Namen in meine Hand geschrieben.

Matthäus 2,13-21

Maria und Josef freuen sich über ihren Sohn Jesus.
In der kleinen Stadt Bethlehem wird er geboren.
Viele kommen. Sie wollen ihn sehen und begrüßen.
Auch von fern aus dem Osten.
Leute, die sich mit Sternen auskennen.
Stern-Deuter.
Sie bringen ihm wertvolle Geschenke: Gold, Weihrauch und Myrrhe.

Die Stern-Deuter sind wieder abgereist. Da hat Josef einen Traum.
Ein Engel sagt zu ihm: Steh auf! Nimm das kleine Kind und Maria und geh schnell weg! Gehe in ein Land im Süden.
Es heißt Ägypten. Bleib so lange dort, bis du wieder von mir hörst. Denn der böse König Herodes sucht das Kind. Er will es töten.
Da stehen Josef und Maria sofort auf. Mit dem kleinen Jesus machen sie sich auf und davon.

Da merkt Herodes: Die Stern-Deuter haben ihn durchschaut.

*Sie hatten ihm davor nämlich versprochen: Wir sagen dir,
wo das Kind ist.*

Herodes wird sehr böse und wütend.
Alle kleinen Jungen unter zwei Jahren lässt er umbringen.
In Bethlehem und in der ganzen Gegend.
Das hat Gott schon (durch Jeremia) vorausgesagt:

Bald gibt es Weinen und Schreien in Bethlehem und Umgebung.

Josef, Maria und Jesus bleiben lange in Ägypten.

Viel später stirbt Herodes.
Da redet der Engel von Gott wieder zu Josef:
Steh auf und geh zurück nach Israel.
Die Menschen, die Jesus töten wollten, sind gestorben.
Sie können ihm kein Leid mehr tun.
Und Josef geht mit seiner Familie zurück nach Israel.

Lobgebet (Präfation)

Schön und gut ist es, dich zu feiern.
Du bist der Gott der Liebe.
Du bist bei uns und denkst an uns.
Du bist uns treu, auch wenn wir es schwer haben.
So freuen wir uns mit Himmel und Erde.
Wir loben dich laut mit dem Meer und den Bergen.
Alle Engel singen und wir singen mit:

Dreimalheilig (Sanctus)
Du bist heilig, du bringst Heil ... o. Ä.

Abendmahlsgebet I

Lasst uns beten
Wir danken dir, Gott.
In deinen Händen sind wir geborgen und sicher.
Du versprichst uns Frieden,
für dein Volk und die ganze Erde.
Gerne kommen wir an deinen Tisch
und hören deine Wunder-Worte:

Einsetzungsworte

Es ist Nacht. Jesus sitzt mit seinen Freunden am Tisch.
Er feiert mit ihnen das Abendmahl.
Er nimmt das Brot und bricht es. Er dankt Gott und sagt:
Nehmt und esst. Das bin ich + für euch.
Danach nimmt er den Becher. Er dankt Gott und sagt:
Nehmt und trinkt. Das bin ich + für euch.
Das bin ich für alle (Menschen).
So könnt ihr (ewig) leben.
Das sollt ihr immer wieder tun.
Erinnert euch an mich.

Abendmahlsgebet II

Lasst uns beten:
Komm, Heiliger Geist. Wir wollen die Liebe von Gott schmecken.
Komm, Heiliger Geist. Wir sehnen uns nach Jesus.
Komm, Heiliger Geist. Wir freuen uns auf dich.
Komm, Heiliger Geist.

Altjahrsabend

Prediger 3,1-14 | *Alles hat seine Zeit*
Johannes 8,31-36 | *Wahre Freiheit*
Römer 8,31b-39 | *Jesus und seine Liebe sind stärker*

Prediger 3,1-14

Alles hat seine Zeit. Alles ist einmal dran. Dann passiert es.
Und es hört wieder auf.
Jeder Plan von Menschen hat Anfang und Ende. Tag und Stunde.

Geboren werden hat seine Zeit. Und Sterben hat seine Zeit.
Einpflanzen hat seine Zeit. Pflanzen ausreißen hat seine Zeit.
Töten hat seine Zeit. Heilen hat seine Zeit.
Abreißen hat seine Zeit. Bauen hat seine Zeit.
Weinen hat seine Zeit. Lachen hat seine Zeit.
Klagen hat seine Zeit. Tanzen hat seine Zeit.
Steinewegwerfen hat seine Zeit. Steinesammeln hat seine Zeit.
Umarmen hat seine Zeit. Umarmung lösen hat seine Zeit.
Suchen hat seine Zeit. Verlieren hat seine Zeit.
Behalten hat seine Zeit. Wegwerfen hat seine Zeit.
Zerreißen hat seine Zeit. Zunähen hat seine Zeit.
Schweigen hat seine Zeit. Reden hat seine Zeit.
Lieben hat seine Zeit. Hassen hat seine Zeit.
Streit hat seine Zeit. Frieden hat seine Zeit.

Du kannst dich anstrengen, soviel du willst. Es bleibt alles, wie es ist. Gott hat den Menschen die Arbeit gegeben. Sie müssen sich anstrengen.
Gott hat alle Dinge wunderbar gemacht. Damals.
Gott hat den Menschen Sehnsucht nach Ewigkeit gegeben.
Aber nur Gott selbst kann sein Werk verstehen.
Er hat alles gemacht. Aber Menschen verstehen weder den Anfang noch das Ende. Also, am besten mach es so: Sei fröhlich und genieße das Leben. Denn das ist das Geschenk von Gott: essen und trinken und mit gutem Mut arbeiten.
Alles, was Gott tut, bleibt für immer. Es ist ewig. Menschen können nur Dinge tun, die irgendwann zu Ende gehen. Alles, was

Gott macht, ist ewig und vollkommen. So hat Gott es vorgesehen. Und die Menschen lieben ihn.

Johannes 8,31–36

Manche Juden glauben an Jesus. Zu denen sagt er: Hört auf mich! Dann gehört ihr zu mir. Erkennt: Das ist wahr! Das macht euch frei.
Sie antworten ihm: Wir sind Nachkommen von Abraham. Das ist der Stammvater von unserem Volk. Wir vertrauen auf ihn. Und wir waren immer frei.
Warum sagst du uns dann: Ihr sollt frei werden!?
Jesus antwortet ihnen: Hört gut zu, was ich euch sage. Wer fern ist von Gott, tut Schlechtes. Das heißt: Er ist ein Sünder. Zwischen ihm und Gott ist ein Abstand. Er gehört zu anderen Menschen anstatt zu Gott. Das nenne ich: Knecht-sein.
Wer Knecht ist, geht wieder fort. Knechte ziehen weiter. Nur wer zu Gott gehört, bleibt.
Wenn ihr nun auf den Sohn von Gott hört, dann seid ihr wirklich frei.

Römer 8,31b–39

Paulus schreibt an die Gemeinde in Rom. Er fragt:

Wenn Gott für uns ist – kann dann jemand gegen uns sein?
Gott hat seinen eigenen Sohn in den Tod geschickt. Jesus Christus ist für uns gestorben. Damit haben wir von Gott das Leben bekommen.
Wer will uns dann noch etwas tun? Gott ist bei uns. Er schützt uns.
Wer will uns etwas vorwerfen? Jesus Christus ist bei uns. Er ist gestorben. Er ist sogar auferweckt worden. Nun ist er wieder bei Gott. Dort spricht er für uns. Christus liebt uns.
Was will uns davon trennen? Unglück? Angst? Verfolgung? Hunger? Nacktheit? Lebensgefahr? Waffen, die uns bedrohen?
Im 44. Psalm steht: Du, Gott gibst uns dahin wie Schafe zum Schlachter.
Aber Christus liebt uns! Das schützt vor jeder Gefahr. Diese Liebe ist da: im Tod und im Leben.
Wenn Engel kommen, ist sie da. Wenn Mächte und Gewalten uns bedrohen. In der Gegenwart und in der Zukunft. Wenn Hohes

oder Tiefes uns bedrohen. Und wenn andere Menschen uns verfolgen. Jesus und seine Liebe sind stärker.

Fürbitten

Gott, wir bitten dich für das neue Jahr.
Hilf uns glauben, dass du lebst.
Und wir mit dir leben.
In allen Nöten.
Wir bitten dich: Hör unser Beten.

Gott, wir bitten dich für die Gestorbenen.
Hilf uns glauben: Sie sind bei dir.
Das neue Jahr fängt an.
Sie fehlen uns.
Wir bitten dich: Hör unser Beten.

Gott, wir bitten dich für unsere Pläne.
Hilf uns zu hoffen: Du machst alles neu.
Lenk unsere Schritte.
Du gibst uns Kraft.
Wir bitten dich: Hör unser Beten.
Amen.

Neujahrstag

| Josua 1,1-9 | *Sei ganz ruhig!*
| Johannes 14,1-6 | *Ich bin der Weg zu Gott*

Josua 1,1-9

Lange hat Mose das Volk Israel angeführt. 40 Jahre durch die Wüste. So, wie Gott es gesagt hat.
Dann stirbt Mose. Da sagt Gott zu Josua.
Mose ist tot. Jetzt brauche ich dich.
Zeig meinem Volk Israel den Weg!
Führe es in das versprochene Land!
Geht über den Fluss Jordan. So habe ich es Mose versprochen.
Gott sagt zu Josua:
So lange du lebst, ist keiner stärker als du.
Ich habe Mose beschützt. Jetzt beschütze ich dich.
Sei ganz ruhig.
Verteile das Land an mein Volk. Dieses Land habe ich schon vor langer Zeit meinem Volk Israel versprochen.
Früher war Mose mein Helfer. Josua, jetzt sollst du mir helfen.
Teile das Land auf und gib es meinem Volk Israel.
Mach es so, wie ich es Mose gesagt habe.
Es ist wichtig, dass du alles genauso machst.
Dann geht alles gut. Und es gibt Frieden.
Sei ganz ruhig.
Ich bin bei dir. Auf jedem Weg, den du gehst.
Ich bin bei dir. Bei allem, was du tust.

Johannes 14,1-6

Jesus sagt zu seinen Freunden:

Seid ganz ruhig!
Glaubt an Gott!
Und glaubt an mich!
Gott ist mein Vater.
Wo Gott wohnt, sind viele Wohnungen.
Das ist sicher wahr.

Ich habe zu euch gesagt: Ich gehe weg. Ich bereite bei Gott alles
für euch vor.
Danach komme ich wieder. Dann nehme ich euch mit.
Dann wohnt ihr da, wo ich auch wohne.
Ihr kennt den Weg, den ich zu Gott gehe.
Ein Freund von Jesus heißt Thomas.
Er fragt: Woher sollen wir den Weg wissen?
Wohin gehst du denn?
Jesus antwortet:
Zu Gott kommst du nur durch mich.
Ich bin der Weg zu Gott.
Ich schenke dir das Leben.
Das ist sicher wahr.

Fürbittengebet

Gott, du hast alle gemacht. Die ganze Welt.
Auch uns. Das macht Mut!
Wohin führt unser Weg? Wie geht unser Leben weiter?
Du hast die ganze Welt gemacht. Zeig du uns den Weg.
Du kennst ihn. Dann sind wir sicher.

Gott, du bist das Ziel unserer Wege.
Jesus Christus ist unser Vorbild.
Er ist dir nah. Das wollen wir auch sein.
Hilf uns! Wir suchen den Weg zu dir.
Und kennen den Weg nicht.

Gott, du bist immer bei uns.
Das alte Jahr ist zu Ende.
Ein neues hat angefangen.
Viele Menschen wollen im neuen Jahr anders leben.
Das macht Mühe. Und kostet Kraft. Hilf ihnen!
Sei bei uns, wenn wir Neues probieren.
Hilf uns, so zu leben, wie du es willst.
Amen.

2. Sonntag nach dem Christfest

Jesaja 61,1–4.10–11 | *Gnade von Gott*
Lukas 2,41–52 | *Zwölfjähriger Jesus im Tempel*

Jesaja 61,1–4.10–11

Der Geist von Gott ist auf mir. Denn der Herr hat mich mit Öl gesalbt. Er hat mich geschickt und sagt:
Ich bringe den Armen eine frohe Botschaft.
Ich heile zerbrochene Menschen.
Ich sage zu den Gefangenen: Ihr seid frei.
Und zu den Gefesselten: Ihr könnt gehen, wohin ihr wollt.
Ich soll euch sagen: Eine große Zeit beginnt. Das ist ein Jahr der Gnade von Gott.
Alle Trauernden tröste ich.
Den Trauernden bringe ich Schmuck. Ich mache sie froh.
Sie jubeln und singen.
Alles, was kaputt ist, bauen sie wieder auf.
Alles, was schon lange zusammengefallen ist, richten sie auf.
Die kaputten Städte machen sie neu.
Ich freue mich über den Herrn von ganzem Herzen.
Ich juble über unseren Gott.
Denn er ist gut und gerecht. Er sorgt für mich.
Er bekleidet mich mit Heil.
Die Gerechtigkeit von Gott umhüllt mich wie ein Mantel.
Gott lässt mich gut aussehen: Wie ein Bräutigam bei der Hochzeit, Gott schmückt mich wie eine Braut.
Pflanzen wachsen aus der Erde.
Im Garten kommen aus den Samen Pflanzen hervor.
Das können alle sehen. So bringt Gott Gerechtigkeit (und Ruhm) vor allen Menschen hervor.

Lukas 2,41-52

Jedes Jahr gibt es ein großes Fest. Das Fest heißt Pascha-Fest. (Das Volk Israel erinnert sich dann: Wir sind einmal in Ägypten gewesen. Als Sklaven mussten wir hart arbeiten. Aber Gott hat uns befreit.)

Die Eltern von Jesus, Maria und Josef, gehen jedes Jahr zum Pascha-Fest nach Jerusalem. Nun ist Jesus zwölf Jahre alt. Nun darf er mit zum Fest.
Nach ein paar Tagen gehen alle wieder nach Hause.
Aber Jesus bleibt da.
Seine Eltern wissen nichts davon. Sie denken: Er ist bei Verwandten. Sie suchen ihn einen ganzen Tag lang.
Bei Freunden und überall sonst. Wo ist Jesus bloß?
Sie gehen zurück nach Jerusalem. Und finden ihn im Tempel.
Jesus sitzt bei den Lehrern und Priestern. Er hört ihnen zu.
Er fragt sie. Er spricht mit ihnen. Alle staunen über Jesus: Über seinen Verstand und seine Antworten.
Die Eltern von Jesus sind entsetzt.
Seine Mutter sagt: Warum hast du das getan?
Dein Vater und ich, wir haben uns große Sorgen gemacht.
Und er sagt zu ihnen: Warum habt ihr mich gesucht? Ihr wisst doch: Ich muss hier sein – im Tempel von Gott. Gott ist mein Vater.
Das finden Maria und Josef merkwürdig. Jesus geht mit ihnen nach Hause zurück. Hinunter nach Nazareth.
Seine Mutter denkt über die Worte von Jesus nach. Sie behält seine Worte in ihrem Herzen.
Jesus wird älter. Er wird erwachsen. Er wird immer klüger. Die Menschen mögen ihn. Und Gott auch.

Eingangsgebet

Gott, ich hebe meine Augen zu dir.
Du siehst mich.
Du hörst uns.
Du bist da. Darauf vertrauen wir.
Amen.

Epiphanias

Jesaja 60,1–6 | *Mache dich auf: dein Licht kommt*
Matthäus 2,1–12 | *Drei Weise Stern-Deuter*

Jesaja 60,1–6

Auf, leuchte hell, denn dein Licht kommt!
Und die Herrlichkeit von Gott strahlt über dir.
Finsternis bedeckt die Erde.
Und die Völker tappen im Dunkeln.
Aber über dir strahlt Glanz von Gott.
Seine Herrlichkeit sieht man über dir.
Manchen Menschen ist Gott fremd.
Aber auch diese Menschen zieht es zu deinem Licht.
Könige kommen zu deinem hellen Glanz.
Schau dich doch um: Alle versammeln sich. Alle kommen zu dir.
Deine Söhne kommen von ferne.
Deine Töchter werden herbeigetragen.
Du siehst es. Du strahlst vor Freude.
Und dein Herz klopft und wird leicht.
Denn viele Völker kommen zu dir.
Manche Menschen glauben nicht an Gott.
Selbst die bringen dir ihr Vermögen.
Ihre vielen Kamele bedecken dein Land.
Sie kommen aus der nahen Wüste und
sogar aus dem fernen Land Ägypten.
Gold und Weihrauch bringen sie.
Und sie erzählen, was Gott gemacht hat.

Matthäus 2,1–12

Jesus wird in Bethlehem geboren.
Da kommen Stern-Deuter aus dem Osten nach Jerusalem.
Dort regiert König Herodes.
Die Stern-Deuter fragen: Wo ist der neugeborene jüdische König?
Wir haben im Morgenland seinen Stern gesehen.
Nun sind wir gekommen. Wir wollen ihn anbeten.
König Herodes hört das. Er erschrickt.
Und mit ihm erschrickt die ganze Stadt Jerusalem.
Herodes ruft alle hohen Priester und Gelehrten aus dem Volk zusammen.
Er fragt sie: Wo wird der Sohn von Gott geboren?
Die Gelehrten antworten:
In der Stadt Bethlehem, im Land Judäa.
Denn ein Prophet mit Namen Micha hat geschrieben:
Bethlehem ist klein. Aber es gibt noch kleinere Orte in Juda.
Von dort kommt ein Fürst. Er soll mein Volk Israel leiten.

Da ruft Herodes die Stern-Deuter heimlich zu sich.
Er will es ganz genau wissen.
Darum fragt er sie:
Wann habt ihr den Stern zum ersten Mal gesehen?
Danach schickt er sie nach Bethlehem.
Er sagt: Zieht dorthin und sucht genau nach diesem Kind.
Und wenn ihr es findet, dann sagt es mir.
Dann komme ich. Ich will es auch anbeten.

Die Stern-Deuter hören das. Sie ziehen los.
Der Stern geht vor ihnen her. Der Stern zeigt ihnen den Weg.
Plötzlich steht der Stern still. Die Stern-Deuter wissen:
Da ist das Kind.
Die Stern-Deuter freuen sich sehr. Sie gehen in das Haus.
Dort ist das Kind mit seiner Mutter Maria.
Die Stern-Deuter knien nieder und beten das Kind an.
Dann holen sie ihre kostbaren Geschenke für das Kind heraus:
Gold, Weihrauch und Myrrhe.
Im Traum befiehlt ihnen Gott, einen Umweg zu machen.
Nicht zurück zum bösen König Herodes!
So wandern sie auf einem anderen Weg in ihr Land zurück.

Tagesgebet

Gott, wir sehnen uns in diesen Tagen nach Licht.
Wir suchen dein Licht.
Dein Stern leuchtet auch für uns.
Hilf uns, dass wir ihn entdecken.
Vielleicht in einem Gesicht oder einem Lied.
Leite uns mit deinem Wort.
Öffne unsere Herzen für dein Licht.
Amen.

1. Sonntag nach Epiphanias

Psalm 100 | *Jubelt dem Herren zu!*
Matthäus 3,13–17 | *Johannes tauft Jesus*
1. Korinther 1,26–31 | *Gott sucht einfache Menschen aus*

Psalm 100

Ein Lied zum Dank an Gott.
Jubelt dem Herrn zu. Alle Menschen auf der Welt, jubelt ihm zu!
Dient dem Herrn.
Seid fröhlich dabei. Kommt zu ihm.
Seid froh und heiter!
Erkennt: Der Herr ist Gott!
Er hat uns zu seinem Volk gemacht.
Es ist sein Werk. Er ist wie ein Hirte und wir seine Schafe.
Wir gehören zu ihm. Er passt auf uns auf.
Geht durch die Türen, die im Haus von Gott sind.
Dankt ihm dabei. Kommt zu ihm. So nah es geht.
Lobt ihn. Dankt ihm.
Segnet seinen Namen!
Denn der Herr ist gut.
Jeden Tag ist er freundlich zu uns.
Er ist treu. Er war von Anfang an treu.
Und er ist es für immer.

Matthäus 3,13–17

Jesus kommt aus Galiläa an den Fluss Jordan.
Dort ist Johannes und tauft Menschen.
Jesus will auch getauft werden. Johannes wehrt sich. Johannes sagt zu Jesus: Du musst mich taufen! So ist es richtig. Aber du willst, dass ich dich taufe?
Jesus antwortet Johannes: Ja, tue es ruhig.
Und Johannes tut es. Er tauft Jesus.
Danach kommt Jesus wieder aus dem Wasser. Plötzlich öffnet sich der Himmel über ihm. Und Jesus sieht den Geist von Gott.

Der Geist sieht aus wie eine Taube. Die Taube kommt vom Himmel herunter. Direkt über Jesus.
Und vom Himmel kommt eine Stimme.
Sie sagt: Dies ist mein Sohn. Ich liebe ihn.

1. Korinther 1,26–31

Paulus schreibt an die Gemeinde in Korinth:
Ihr Lieben!
Gott hat euch zum Glauben gerufen. Aber seid ihr etwa besser, mächtiger oder vornehmer als andere Menschen?
Nein! Gott sucht sich einfache Menschen aus.
Besonders die Schwachen und Niedrigen.
Gott sucht sich sogar die Verachteten aus.
Er hat einen Plan damit:
Kein Mensch soll stolz sein und sagen:
Ich leiste etwas für Gott.
Gott hat die Welt beschenkt.
Jesus Christus ist Mensch geworden.
Jesus Christus ist das Geschenk von Gott für die Welt.
Er ist weise, gerecht und heilig. Für uns. Er erlöst uns.
Er ist unser Herr und Bruder.
Wollt ihr stolz sein? Dann seid auf Gott stolz!

Tagesgebet

Gott, wir sind deine Kinder.
Du hast uns das Leben geschenkt.
In der Taufe hast du uns berührt.
Wir hören auf dich. Wir vertrauen auf dein Wort.
Wir sehnen uns nach dir.
Dich loben wir, deinen Sohn Jesus Christus preisen wir, in deinem Geist feiern wir. Du bist da. Von Anfang an. Und für immer.
Amen.

2. Sonntag nach Epiphanias

Johannes 2,1-11 | *Hochzeit in Kana*
Römer 12,9-16 | *Leben in der Gemeinde*

Johannes 2,1-12

In der Stadt Kana wird eine Hochzeit gefeiert. Kana liegt in der Heimat von Jesus, in Galiläa. Eine Hochzeit dauert mehrere Tage.
Jesus ist mit seinen Freunden und mit seiner Mutter zur Hochzeit eingeladen.
Bald sind die Wein-Krüge leer.
Maria sagt zu ihrem Sohn: Der Wein ist alle!
Jesus antwortet ihr: Musst du mir sagen, was ich tun soll?
Meine Zeit kommt noch.
Da sagt seine Mutter zu den Dienern:
Tut alles, was er euch sagt.
In der Nähe stehen sechs große Krüge aus Stein. Viele Liter Wasser passen da rein.
Die Juden benutzten die Krüge, um sich zu waschen.
Jesus sagt zu den Dienern: Füllt die Steinkrüge mit Wasser.
Und sie füllen sie bis zum Rand.
Jesus sagt zu ihnen: Schüttet etwas davon in einen Becher.
Gebt ihn dem Küchen-Chef. Er soll probieren!
Der Küchen-Chef trinkt. Es schmeckt nach Wein.
Die Diener wissen: Sie haben gerade Wasser geschöpft.
Der Küchen-Chef ruft den Bräutigam. Er sagt zu ihm:
Normalerweise bietet man zuerst den guten Wein an.
Erst wenn die Leute einen Rausch haben, nimmt man den schlechteren.
Wieso hast du den guten Wein bis jetzt zurückgehalten?

Das ist das erste Wunder, das Jesus getan hat.
Das ist in seiner Heimat Galiläa passiert. In Kana.
So zeigt Jesus seine Macht. Seine Jünger glauben an ihn.

Römer 12,9–16

Habt einander von Herzen lieb.
Macht Platz für das Gute!
Vertreibt das Böse.
Eure Liebe soll herzlich sein. Schätzt und achtet einander.
Seid eifrig. Der Geist von Gott wird euch Wärme und Licht geben.
Dient Gott.
Seid fröhlich und zuversichtlich. Habt Geduld.
Besonders wenn ihr traurig seid.
Betet immer wieder! Betet immer weiter!
Kümmert euch um Christen, die in Not sind.
Nehmt andere Menschen gerne als Gäste auf.
Segnet sie und wünscht ihnen Gutes!
Lacht mit den Fröhlichen und weint mit den Traurigen.
Seid euch einig in dem, was ihr denkt und glaubt.
Seid bescheiden!
Sucht Gemeinschaft gerade mit den einfachen Menschen.

Fürbitten

Lebendiger Gott, du bist immer bei uns.
Manchmal sind wir traurig, dann hörst du uns.
Manchmal freuen wir uns, dann lachst du mit uns.
Wir bitten dich für alle einsamen Menschen. Sie fühlen sich allein.
Gemeinde: Gott, höre uns.

Wir bitten dich für kranke Menschen. Sie brauchen Hilfe.
Gemeinde: Gott, höre uns.

Wir bitten dich für Freunde und Verwandte von Kranken.
Sie brauchen Kraft und Geduld.
Gemeinde: Gott höre uns.

Wir bitten dich für unsere Gemeinde.
Oft ist unser Glaube schwach. Wir brauchen dein Licht.
Gemeinde: Gott, höre uns.

Wir vertrauen dir: Du kannst auch heute Wunder tun.
Du machst aus Wasser Wein.
Unsere Tränen verwandelst du in Lachen.
Gemeinsam beten wir …

3. Sonntag nach Epiphanias

2. Könige 5,1-17 | *Naaman und Elisa*
Johannes 4,5-14 | *Jesus und die Frau am Brunnen*

2. Könige 5,1-17

Naaman ist ein mächtiger Soldat. Er kann vielen anderen Soldaten befehlen. Sie müssen ihm gehorchen. Er selbst gehorcht nur seinem König. Das ist der König von Aram. *Heute ist das Syrien.*
Naaman ist sehr tapfer. Er kämpft viel. Dann gewinnen die Aramäer. Naaman ist groß und stark. Aber er hat eine schwere, ansteckende Haut-Krankheit.
Die aramäischen Soldaten haben ein junges Mädchen entführt. Sie kommt aus Israel. Jetzt dient sie der Frau von Naaman.
Das Mädchen sagt zu ihrer Herrin: Ein Prophet in Samaria kann vielleicht meinem Herrn helfen. Der kann heilen. Der kann seine Haut gesund machen.
Naaman geht zu seinem König. Er erzählt, was ihm das Mädchen gesagt hat.
Der König sagt: Dann geh dorthin. Ich schreibe dem König von Israel einen Brief.

Naaman geht nach Israel. Er nimmt viel Geld mit: zehn Zentner Silber und sechstausend Gulden Gold. Außerdem zehn festliche Kleider.
Naaman bringt dem König von Isreal einen Brief von seinem König.
In dem Brief steht: Mein Knecht Naaman kommt zu dir. Ich habe ihn geschickt. Ich bitte dich: Mach ihn gesund.
Der König von Israel ärgert sich. Er zerreißt seine Kleider.
Er fragt sich: Was denkt der Mann? Bin ich Gott? Kann ich töten und lebendig machen? Wie soll ich den Mann denn gesund machen? Der König von Aram will mit mir streiten!
Das hört der Prophet Elisa. Er hört: Der König von Israel ist wütend geworden. Er hat seine Kleider zerrissen.

Elisa schickt einen Boten zum König. Der Bote sagt: Warum hast du deine Kleider zerrissen? Lass den kranken Mann zu mir kommen. Ein Prophet ist in Israel. Das soll er merken.
So kommt Naaman mit Pferden und Wagen. Er hält vor der Tür vom Haus vom Propheten Elisa. Elisa schickt ihm einen Boten. Der sagt ihm: Geh zum Fluss Jordan. Wasch dich siebenmal. Dann wird dein Körper wieder heil. Du wirst gesund werden.
Da wird Naaman böse.
Er sagt: Der Prophet soll selber kommen. Er soll seinen Gott anrufen, Gott den Herrn. Er soll seine Hand Richtung Heiligtum erheben. So soll er mich von meiner Krankheit befreien.
Die Flüsse in meinem Heimatland sind sauber genug. Sie sind besser als alle Wasser hier in Israel. Waschen kann ich mich auch zu Hause. Und Naaman geht weg.
Seine Diener sagen zu ihm:
Lieber Vater! Wenn der Prophet dir eine größere Sache aufgetragen hätte, dann hättest du es doch getan. Folg ihm doch!
Er hat gesagt: Wasch dich, dann wirst du rein.
Da geht Naaman zum Jordan. Siebenmal taucht er unter. So hat es der Gottes-Mann gesagt. Und sein Körper wird wieder heil. Er sieht aus wie ein junger Mensch. Er wird gesund.
Dann geht er zurück mit seinen Leuten. Er geht direkt zu Elisa. Naaman sagt: Der Gott von Israel ist der einzige Gott. Ich möchte dir etwas schenken. Nimm eine Segens-Gabe von mir.
Elisa sagt: Ja, Gott lebt. Aber bitte behalte dein Geschenk.
Naaman will es ihm unbedingt geben. Elisa weigert sich aber.
Naaman sagt: Dann gib es deinem Knecht. Er kann es opfern. So viel, wie zwei Maultiere tragen können. Ich will es Gott allein opfern und schenken. Anderen Göttern diene ich nicht mehr!

Johannes 4,5–14

Jesus kommt in eine Stadt im Gebiet Samarien. Die Stadt heißt Sychar. Sie liegt in der Nähe von einem Feld. Bei dem Feld ist ein Brunnen. Das Feld hat früher Jakob gehört. Deshalb heißt der Brunnen Jakobs-Brunnen.
Jesus ist müde von der Reise. Es ist schon spät. Da kommt eine Frau vorbei. Sie ist aus Samarien. Sie will Wasser holen. Jesus sagt zu ihr: Gib mir zu trinken!
Seine Jünger sind fortgegangen. Sie sind in der Stadt. Sie kaufen Essen ein.
Die Frau aus Samarien sagt zu Jesus: Wie kann das sein?
Du bittest mich um etwas zu trinken. Du bist Jude. Ich bin eine samaritanische Frau.
Die Juden gehören einer Glaubens-Gemeinschaft an. Die Samaritaner gehören einer anderen Glaubens-Gemeinschaft an.
Jesus sagt zu ihr: Stell dir vor: Jemand bittet dich um etwas zu trinken. Du erkennst ihn. Er kommt von Gott. Er hat lebendiges Wasser. Wenn du ihn darum bittest, gibt er dir davon.
Die Frau sagt zu ihm: Herr, der Brunnen ist tief. Nur mit einer Schöpfkelle kannst du dort Wasser herausholen. Woher hast du lebendiges Wasser? Bist du mehr als Jakob, unser Stammvater? Er hat uns diesen Brunnen hinterlassen. Er hat daraus getrunken. Seine Kinder und sein Vieh haben auch daraus getrunken.
Jesus antwortet ihr: Wer von diesem Wasser trinkt, hat immer wieder Durst. Wer von meinem Wasser trinkt, hat für immer genug. Das Wasser, das ich gebe, gibt Leben. Mein Wasser ist eine Lebens-Quelle für alle. Wer das trinkt, lebt anders. Wer das trinkt, lebt ewig.

Tagesgebet

Gott, du bist gerecht. Anders, als wir es kennen.
Gegen die Erwartung bist du da.
In einer fremden Frau. In einem Arzt, der hilft.
Komm zu uns.
Heile uns.
Mitten am Tag.
Lass uns gesegnet sein.
Amen.

Letzter Sonntag nach Epiphanias

Exodus 3,1-10 (11-14) | *Gott ruft*
Matthäus 17,1-9 | *Jesus wird verwandelt*

Exodus 3,1-10 (11-14)

Mose hütet die Schafe von seinem Schwiegervater. Der heißt Jitro.
Jitro ist Priester im Land Midian.
Midian liegt in der Nähe von Ägypten.
Mose treibt die Schafe über die Steppe hinaus.
Er kommt an den Berg von Gott. Dieser Berg heißt Horeb.
Mose sieht einen Boten. Diesen Boten schickt Gott.
Aus einem Dornbusch lodert Mose eine Flamme entgegen.
Tatsächlich: Der Dornbusch brennt.
Und verbrennt zugleich nicht.
Mose sagt sich: Das will ich mir aus der Nähe ansehen.
Ich will wissen: Warum verbrennt der Busch nicht?
Gott sieht: Mose kommt zum Feuer.
Gott ruft aus dem Busch: Mose, Mose.
Mose antwortet: Ich höre dich.
Gott sagt: Bleib ein Stück weg.
Zieh deine Schuhe aus.
Denn du stehst auf heiligem Boden.
Gott spricht weiter: Ich bin der Gott von deinen Vorfahren.
Der Gott von Abraham, Isaak und Jakob.
Mose schlägt die Hände vor die Augen.
Er hat Angst, Gott anzusehen.
Gott sagt:
Meinem Volk geht es schlecht in Ägypten. Das sehe ich genau.
Ich höre es: Das Volk schreit.
Ich weiß: Die Ägypter unterdrücken das Volk.
Aber ich bin da.
Ich will das Volk Israel aus Ägypten retten.
Ich führe sie aus Ägypten heraus.
Und ich bringe sie in ein anderes Land. Ein üppiges Land.
Dort wachsen viele Früchte.

Dort leben viele Völker.
Ja, es ist so: Das Volk Israel schreit. Und ich habe es gehört.
Ich habe seine Not gesehen.
Ich habe gesehen: Die Ägypter plagen das Volk.
Darum schicke ich dich zu ihrem König. Das ist der Pharao.
Führe mein Volk Israel aus Ägypten heraus.
Mose fragt Gott:
Kann jemand wie ich zum Pharao gehen?
Warum soll gerade ich die Israeliten aus Ägypten führen?
Gott spricht: Ich geh ja mit dir.
Ich sage dir hiermit: Ich sende dich.
Du führst das Volk aus Ägypten.
Dann feiert ihr hier auf diesem Berg Gottesdienst.
Und Mose sagt zu Gott:
Ich gehe zu den Israeliten.
Ich sage ihnen: Der Gott von euren Vorfahren schickt mich.
Dann fragen sie mich bestimmt: Wie heißt dieser Gott denn?
Was soll ich ihnen dann sagen?
Gott sagt zu Mose: Ich bin, der ich bin.
Das kannst du den Israeliten sagen:
›Ich bin‹ schickt mich zu euch.

Matthäus 17,1-9

Jesus geht auf einen Berg.
Er nimmt nur drei von seinen Freunden mit: Petrus, Jakobus
und Johannes. Johannes ist der Bruder von Jakobus.
Auf dem Berg verwandelt sich Jesus. Petrus, Jakobus und Johannes sehen Jesus dabei zu.
Das Gesicht von Jesus leuchtet wie die Sonne.
Und die Kleider von Jesus werden so weiß wie Licht.
Auf einmal sind Mose und Elia da.
Mose und Elia sprechen mit Jesus.
Petrus sagt zu Jesus: »Herr, hier ist ein guter Platz!
Willst du hierbleiben?
Dann baue ich drei Hütten:
eine für dich und eine für Mose und eine für Elia.«
Gleichzeitig zieht eine große helle Wolke auf.
Die Wolke wirft einen Schatten.
Und eine Stimme spricht aus der Wolke:
Das ist mein lieber Sohn.

An ihm freue ich mich. Ihn sollt ihr hören.
Die Freunde hören das.
Sie werfen sich auf den Boden. Sie erschrecken sehr.
Aber Jesus tritt zu den Freunden. Er berührt sie.
Er sagt: Steht auf. Fürchtet euch nicht!
Die Freunde schauen auf. Sie sehen nur noch Jesus.
Später gehen alle gemeinsam wieder vom Berg hinunter.
Jesus befiehlt ihnen:
Ihr habt etwas sehr Besonderes erlebt.
Aber ihr dürft erst viel später davon erzählen. Erst wenn der Sohn von Gott von den Toten auferstanden ist.

Tagesgebet

Wir sind hier, Gott.
Wir sind ganz Ohr.
Wir warten auf dein Wort.
Du weißt, was wir jetzt gerade brauchen.
Du siehst in unser Herz.
Wir vertrauen dir.
Wir hoffen auf dich.
Du bist da.
Jetzt in diesem Moment und in Ewigkeit.
Amen.

5. Sonntag vor der Passionszeit

Matthäus 21,28-32 | *Unkraut unter dem Weizen*
1. Korinther 1,(4-5) 6-9 | *Gott ist treu*

Matthäus 21,28-32

Jesus geht in den Tempel in Jerusalem. Dort lehrt er. Er erzählt den Menschen ein Gleichnis. Das ist eine Geschichte. Sie macht es leicht, eine schwierige Sache zu verstehen.

Jesus spricht mit den obersten Priestern und Politikern.
Sie halten sich für besser als andere Menschen.
Sie schauen herab auf Zolleintreiber und Prostituierte.
Die Zolleintreiber sind stadtbekannte Betrüger.
Prostituierte schlafen mit Männern gegen Geld.
Jesus fragt die obersten Priester und Politiker:
Was meint ihr zu dieser Geschichte?
Ein Mann hat zwei Söhne.
Zum ersten sagt er: Geh und arbeite in meinem Weinberg.
Der erste antwortet:
Ich bleibe lieber zu Hause.
Später tut ihm die Antwort leid.
Und er geht doch zur Arbeit in den Weinberg.
Der Vater sagt dasselbe zu seinem zweiten Sohn:
Geh und arbeite in meinem Weinberg.
Der antwortete: Ja, ich gehe. Aber er bleibt zu Hause.
Jesus fragt die obersten Priester und Politiker:
Welcher Sohn hat getan, was der Vater wollte?
Sie sagen: Der erste Sohn!
Jesus sagt: Genau. Das stimmt.
Dann erklärt Jesus die Geschichte.
Jesus sagt:
Die Betrüger und Prostituierten sind ähnlich wie der erste Sohn.
Sie haben zuerst unanständige Sachen gemacht.
Aber jetzt erzähle ich von Gott. Und sie hören zu.
Ich erzähle etwas von Gott. Und sie glauben mir.
Und jetzt tun sie auch das Richtige.

Jesus sagt feierlich:
Amen. Das sage ich euch: Die Betrüger und Prostituierten gehören viel mehr zu Gott als ihr.
Ihr seid nämlich wie der zweite Sohn.
Ihr sagt: Wir wissen alles über Gott. Wir sind anständig.
Aber stimmt das? Ihr tut anderes. Ihr seid fern von Gott.
Ihr schaut auf die anderen Menschen herab. Ihr haltet euch für besser. Die Botschaft von Gott und seinem Königreich ist euch egal.

1. Korinther 1,4–9

Paulus schreibt an die Gemeinde in Korinth:
Ich danke Gott immer wieder. Denn er hat euch beschenkt durch Jesus Christus. Ihr seid in allem reich geworden. Ihr könnt reden. Ihr seid klug. Denn die Botschaft von Christus ist bei euch wirklich angekommen. Fehlt es euch an irgendwas?
Ihr seid gut vorbereitet. Jesus Christus ist unser Herr. Gewiss kommt er bald wieder. Dann hilft er euch auch weiter. So bleibt ihr fest bis zum Schluss. Bis zu einem bestimmten Tag. An dem Tag kommt Gott wieder. Dann seid ihr bereit. Gott hat euch gerufen: Lebt gemeinsam mit Jesus. Das ist sein Sohn.
Gott ist treu.

Tagesgebet

Gott, du bist anders als alle.
Du bist treu.
Das ist das größte Geschenk.
Hilf uns, es auszupacken.
Und mit dir zu leben.
So wie du uns siehst.
Mit den Augen von Jesus.
Danke.
Amen.

4. Sonntag vor der Passionszeit

Genesis 8,1-12 | *Noah kommt aus der Arche*
Matthäus 14,22-33 | *Petrus auf dem See*

Genesis 8,1-12

Ein Schiff schwimmt schon lange auf dem Wasser.
Es regnet und regnet. Die ganze Erde ist überflutet.
Das Schiff heißt Arche. Auf dem Schiff ist ein Mann. Der heißt Noah.
Seine Familie ist auch da.
Und alle Sorten Tiere von der Erde sind auf dem Schiff. Immer ein männliches und ein weibliches Tier.

Da erinnert sich Gott an Noah und an seine Arche.
Er denkt an die Menschen und die Tiere darin.
Da hört der Regen endlich auf. Das Wasser wird immer weniger.
Schließlich bleibt das Schiff auf einem Berg hängen.
Der Berg heißt Ararat.
Alle im Schiff müssen noch lange warten. Sie brauchen viel Geduld. Dann endlich sehen die Menschen auf dem Schiff:
Da sind Berg-Spitzen!
40 Tage später macht Noah das Fenster auf. Er lässt einen Raben fliegen. Der Rabe fliegt weit weg.
Das Wasser wird immer weniger.
Dann schickt Noah einen anderen Vogel weg. Eine Taube. Die Taube fliegt zum Schiff zurück. Überall ist noch Wasser.
Noah wartet noch ein paar Tage. Dann schickt er eine zweite Taube los. Am Abend kommt sie zurück. Sie bringt ein Blatt von einem Ölbaum. Jetzt weiß Noah: Das Wasser geht weg. Die Erde wird trocknen.
Trotzdem wartet er noch ein paar Tage.
Dann fliegt die Taube zum dritten Mal los. Sie bleibt fort.

Matthäus 14,22–33

Viele Menschen haben Jesus zugehört. Jetzt sind sie weg. Jesus steigt auf einen Berg. Er schickt seine Jünger weg. Sie sollen mit dem Boot über den See fahren.

Jesus will an diesem Abend allein sein. Das Boot mit seinen Freunden ist schon weit gefahren. Sie sind mitten auf dem See. Da kommt ein starker Wind. Und die Wellen gehen sehr hoch. Es ist richtig gefährlich.

In der Nacht geht Jesus zu ihnen.
Er geht auf dem Wasser. Das Wasser trägt ihn.
Seine Freunde haben Angst. Sie denken: Jesus ist ein Gespenst!
Und sie schreien ganz laut. Vor lauter Angst.
Jesus sagt zu ihnen: Seid ganz ruhig. Es ist alles gut.
Petrus sagt zu Jesus: Bist du wirklich Jesus? Dann kann ich auch auf dem Wasser gehen. Sagst du mir das? Dann kann ich das.
Jesus sagt zu Petrus: Komm her!
Petrus steigt aus dem Boot. Er geht auf dem Wasser zu Jesus.
Petrus fühlt den starken Wind. Plötzlich hat er große Angst.
Und sofort versinkt er im Wasser. Er schreit zu Jesus: Hilf mir!
Da gibt ihm Jesus die Hand. Jesus hält Petrus fest.
Jesus fragt ihn: Warum hast du Angst? Wo ist dein Glaube?
Und sie steigen beide ins Boot. Der Wind hört auf.

Abendmahlsgebet

Gott, wir danken dir! Du tust uns gut!
Weil du lebst, leben wir.
Du bringst Heil. Du bringst Heilung. Du bist heilig.
Das macht uns froh. Auch wenn wir traurig sind.
Du rettest uns, wenn es uns schlecht geht.
Pflanzen, Tiere, Menschen leben, auch wenn sie sterben.
Dafür danken wir dir. Und singen ein Loblied für dich.

Septuagesimae

Jeremia 9,22-23 | *Das rechte Rühmen*
Matthäus 9,9-13 | *Jesus ruft den Zöllner*

Jeremia 9,22-23

Jeremia ist ein Prophet. Er hört Gott in besonderer Weise. Er ermahnt die Menschen. Weil er besondere Nachrichten von Gott hat. Menschen sollen Gott loben. Alles andere ist Selbst-Lob. Nur Gott verdient Ruhm.
Deshalb schreibt Jeremia:

Ein Weiser rühmt sich: Ich bin weise! Ein Starker rühmt sich: Ich bin stark! Ein Reicher rühmt sich: Ich bin reich!
Alles das ist falsches Rühmen.
Wollt ihr wirklich etwas rühmen? Dann sagt: Ich weiß etwas. Ich kenne Gott. Nur Gott ist groß. Gott ist barmherzig. Gott spricht Recht, und Gott bringt Gerechtigkeit für alle.
Genau das gefällt mir, spricht Gott.

Matthäus 9,9-13

An einer Zollstation müssen die Leute Geld bezahlen, wenn sie über die Stadtgrenze kommen. Andere treiben das Geld ein. Die nennt man Zöllner.

Jesus sieht einen Zöllner an der Zollstation sitzen. Er heißt Matthäus. Jesus sagt zu ihm: Folge mir!
Der Zöllner steht auf. Er folgt Jesus.
Der Zöllner Matthäus lädt Jesus in sein Haus ein. Sie essen und trinken zusammen. Andere Zöllner kommen auch dazu.

Immer mehr Menschen kommen. Sie sind Gott fern.
Trotzdem dürfen sie das.
Gemeinsam essen und trinken sie mit Jesus und seinen Freunden.

Das sehen andere Menschen. Diese Menschen sind sehr fromm. Sie achten auf die Gesetze. Sie werden Pharisäer genannt. Sie verachten die Zöllner und die Gott-Fernen.

Die Pharisäer sagen zu den Freunden von Jesus:
Warum isst euer Lehrer mit solchen Leuten?
Jesus hört das.
Da sagt er: Die Gesunden sind ja schon gesund. Aber die Kranken brauchen einen Arzt.
Der Prophet hat über Gott gesagt: Gott ist barmherzig. Er hilft und rettet.
Deshalb: Seid auch ihr barmherzig. Wendet euch anderen zu!
Gott ist für die Lebenden da.
Jesus sagt: So bin ich auch. Ich hole die Fernen zu mir.
Ich zeige mich ihnen. Für sie bin ich da.

Fürbitten

Gott, wir ehren dich.
Wir verehren dich.
Du bist größer als alles andere.

Wir bitten dich für die Menschen.
Manche denken: Wir kennen Gott.
Zeig ihnen: Du bist wunderbar. Und ganz anders.

Wir bitten dich für die Menschen.
Manche denken: Wir können alles.
Zeig ihnen deine Liebe. Wie schön du bist.

Wir bitten dich für uns.
Zeig uns deine Wunden.
Zeig uns: Das ist wichtig.
Du bist groß, Gott.
Und du machst dich so klein.
Und du kommst zu uns mit deiner Liebe.
Danke.
Amen.

Sexagesimae

Lukas 8,4–8 (9–15) | *Sämann – Vierfaches Ackerfeld*
Apostelgeschichte 16,9–15 | *Lydia*

Lukas 8,4–8 (9–15)

Viele Menschen kommen zusammen. Aus vielen Städten laufen sie zu Jesus. Er erzählt ihnen ein Gleichnis. Das ist eine mehrdeutige Geschichte.

Ein Mann sät Samen in die Erde. Ein Teil von der Erde ist fruchtbar. Und ein Teil von der Saat fällt genau dahin.
Ein anderer Teil fällt auf den Weg. Menschen und Tiere zertreten die Körner. Vögel fressen sie auf. Und noch ein anderer Teil von den Samenkörnern fällt auf felsigen Boden. Dort verdorren die Samen ohne Wasser. Einige Samenkörner fallen in Dornen hinein. Die Dornen ersticken die Samenkörner.
Aber einige Körner fallen auch auf guten Boden. Sie gehen auf. Sie bringen viel Frucht. Hundertmal so viel wie der Samen.
Jesus erzählt das. Und ruft: Habt ihr Ohren? Dann hört gut zu!

(Einige Jünger fragen ihn: Was bedeutet das Gleichnis? Jesus sagt: Ihr versteht die Gleichnisse. Für andere ist das schwer. Das Gleichnis bedeutet: Der Same ist das Wort von Gott. Manche Menschen hören das Wort von Gott. Das sind die Samen auf dem Weg. Dann kommt aber der Teufel. Er nimmt diesen Menschen das Wort wieder weg. Sie vergessen es. Gott ist ihnen fern. Die Samen auf dem Fels stehen für andere Menschen. Die hören das Wort von Gott gern. Aber nur für kurze Zeit. Eine Zeitlang vertrauen sie auf Gott. Dann wird es schwieriger. Und dann vergessen sie Gott.
Die Samen unter den Dornen stehen für wieder andere Menschen. Sie haben zu viele Sorgen. Oder sie sind zu reich. Sie sind abgelenkt. Sie vergessen Gott auch.
Aber einige Menschen hören das Wort von Gott. Sie merken es sich. Das sind Samen auf dem guten Land. Sie bewegen das Wort in ihren Herzen. Sie erzählen anderen davon. Sie leben danach. Das bedeutet: »Frucht bringen.«)

Apostelgeschichte 16,9–15

Paulus reist mit Freunden durch die Türkei. Sie erzählen anderen Menschen von Gott. Sie erzählen von Jesus. Solche Leute heißen Apostel oder Gesandte.

In der Nacht hat Paulus einen Traum: Er sieht einen Mann aus Mazedonien. Das ist in der Nähe von Griechenland. Dieser Mann bittet ihn: Komm zu uns nach Mazedonien! Hilf uns! Den anderen Aposteln erzählt Paulus von seinem Traum. Gemeinsam sind sie überzeugt: Lasst uns nach Mazedonien fahren. Gott will das. Lasst uns den Menschen in Mazedonien von Gott erzählen.
Sie fahren von Troas los. Sie kommen nach Samothrake in Griechenland. Am nächsten Tag kommen sie nach Neapolis, von dort gehen sie nach Philippi. Die Apostel bleiben einige Tage in dieser Stadt. Auch am Sabbat sind sie da. An diesem Tag halten jüdische Menschen Ruhe. Sie beten und ehren Gott.
An diesem Tag gehen die Apostel hinaus vor die Stadt. Sie gehen an den Fluss. Dort feiern Menschen den Sabbat. Diese Menschen wollen die Apostel treffen.
Viele Frauen sind am Fluss. Die Apostel reden mit ihnen. Eine dieser Frauen heißt Lydia. Sie kommt aus der Stadt Thyatira. Lydia handelt mit Purpur. *Das ist ein teurer roter Stoff.* Und sie glaubt an Gott. Gott öffnet ihr Herz. Lydia hört Paulus gut zu. Lydia lässt sich taufen. Mit ihrer ganzen Familie und allen Dienerinnen und Dienern.
Lydia lädt die Apostel in ihr Haus ein. Sie bittet sie darum. Denn es ist ein wichtiges Zeichen. So zeigen die Apostel: Lydia gehört jetzt auch zu Gott.

Fürbitten:

Wir bitten dich, Gott:
Für Menschen auf der Suche.
Für frisch Getaufte.
Für Menschen, deren Taufe Jahrzehnte zurückliegt.
Hilf ihnen, dass sie dir vertrauen.
Erhöre uns.

Wir bitten dich, Gott:
Für Menschen, die von dir erzählen.
Für dein Wort selbst.
Lass es wie Samen von Pflanzen sein.
In der Erde keimen, an die Luft wachsen und Frucht bringen.
Damit wir satt werden. Alle.
Erhöre uns.
Amen.

Estomihi

Amos 5,21-24 | *Lästiges Geplärr*
Lukas 18,31-43 | *Blinder von Jericho*

Amos 5,21-24

Ein Prophet gibt Worte von Gott an die Menschen weiter. So wie er sie von Gott gehört hat.
Ein Prophet heißt Amos.
Er ruft:

So spricht Gott:
Ich hasse eure Feste. Eure Gottesdienste stinken zum Himmel.
Eure Opfer finde ich eklig.
Amos ruft weiter:
Hört auf mit euren schreienden Liedern. Das Geplärr von eurer Musik ist mir lästig.
Jeder soll Gerechtigkeit bekommen. Dafür müsst ihr sorgen.
Das Recht soll fließen. Wie ein großer Fluss. Immer weiter fließt er.

Lukas 18,31-43

Jesus kommt in die Nähe der Stadt Jericho.
Da sitzt ein Blinder am Straßenrand. Der Blinde bettelt.
Plötzlich hört er: Viele Leute gehen vorbei.
Der Blinde fragte sie: Was ist los?
Die Leute sagen: Jesus von Nazareth kommt!
Da ruft der Blinde laut: Jesus von Nazareth, schau mich an!
Hab Erbarmen mit mir!
Die Leute hören das. Sie sagen: Halt den Mund!
Aber der Blinde schreit noch lauter: Jesus, Sohn von David!
Hab Erbarmen mit mir.
Da bleibt Jesus stehen. Jesus lässt den Blinden zu sich kommen.
Jesus fragt ihn: Was möchtest du von mir? Was kann ich für dich tun?
Der Blinde antwortet: Herr, ich möchte wieder sehen können.

Da sagt Jesus: Du wirst sehen können.
Dein Glaube hat dich gerettet.
Im gleichen Augenblick kann der Blinde wieder sehen.
Er folgt Jesus nach. Er lobt Gott.
Viele Leute haben diese Heilung gesehen.
Sie danken und loben Gott.

Kyriegebet

Gott, wir möchten dich gerne loben.
Aber wie soll das gehen? Unser Herz ist schwer.
Kyriegesang 1

Jesus, wir möchten dir gern vertrauen.
Aber wo ist der Weg zu dir? Wir sind blind.
Kyriegesang 2 (Christe eleison)

Heiliger Geist, wir möchten gerne lieben.
Aber wo ist deine Kraft? Wir sind schwach.
Kyriegesang 3

Gnadenzusage:
Jesus sagt: Kommt alle her zu mir. Ich will euch erfrischen.
Ich öffne eure Augen. Ich mache euer Leben neu.
(So könnt ihr lieben und loben.)
Gloriagesang

Aschermittwoch

Exodus 32,1-6.15-20 | *Goldenes Kalb*
Matthäus 6,16-21 | *Schätze im Himmel*

Exodus 32,1-6.15-20

Das Volk Israel rastet auf seinem Weg durch die Wüste.
Mose steigt auf einen Berg. Er will Gott nahe sein. Mose bleibt lange auf dem Berg.
Das Volk wartet auf ihn. Mose hat sie aus dem Land Ägypten befreit. Dort sind sie Sklaven gewesen.
Wo bleibt Mose nur? Das Volk wird ungeduldig.
Der Bruder von Mose heißt Aaron. Zu ihm gehen die Leute. Sie sagen zu ihm: Mach uns einen neuen Gott. Aaron antwortet: Sammelt alles Gold zusammen. Alle goldenen Ohrringe. Bringt sie zu mir!
Aaron nimmt das Gold. Er macht es im Feuer flüssig. Das flüssige Gold gießt er in eine Form. Schließlich wird es fest. Jetzt sieht es aus wie ein Kalb. Wie eine junge Kuh.
Aaron redet das Volk an: Israel, dieses goldene Kalb ist jetzt dein Gott. Das goldene Kalb hat euch aus Ägypten befreit.
Aaron baut einen Altar für das goldene Kalb. Er ruft: Morgen ist ein Festtag für den neuen Gott.
Am nächsten Tag stehen alle früh auf. Sie verbrennen Kräuter und Fleisch für das goldene Kalb als Opfer für den neuen Gott. Es ist ein großes Fest. Alle essen und trinken und feiern.
Dann steigt Mose vom Berg. Mose hat das Gesetz von Gott dabei. Es ist für das Volk Israel. Die Worte sind auf flache Stein-Tafeln geritzt. Vorne und hinten beschrieben. Das hatte Gott selbst so gemacht. Zusammen mit Mose kommt auch Josua zurück. Beide hören Schreien und Rufen von der Feier. Josua sagt: Sie schreien wie im Krieg.
Mose sagt: Nein. Ich glaube, sie tanzen! Und dabei schreien und rufen sie. Dann sieht Mose es: Das Volk Israel tanzt und feiert. Es tanzt um das goldene Kalb herum. Sie glauben: Das ist Gott.

Mose ist wütend. Aus Zorn wirft er die Steine mit dem Gesetz auf den Boden. Die Stein-Tafeln zerbrechen. Mose nimmt das goldene Kalb. Er legt es ins Feuer. Das Gold wird wieder flüssig. Mose wirft es ins Trink-Wasser. Nun muss das Volk Israel das Gold im Wasser trinken.

Matthäus 6,16–21

Jesus sagt: Manchmal ist es gut zu fasten. Etwas weglassen. Das tut gut. Zum Beispiel das Essen. Man kann merken: Was ist mir wirklich wichtig?
Viele möchten fühlen: Gott ist mir nahe. Und ich bin Gott nahe. Aber es ist auch anstrengend. Einige fasten und geben damit an. Alle sollen sehen: Sie lieben Gott mehr als wir. Dann mag Gott sie auch mehr als uns. Das finden Angeber toll.
Angeber achten auf ihren Ruf. Der ist ihnen wichtiger als Gott. Jesus sagt: Gott will etwas anderes. Fasten ist keine Angeberei. Fasten passiert zu Hause. Gott merkt trotzdem: Der fastet. Der will mir nahe sein.
Das Angeben nennt Jesus: Auf der Erde Schätze sammeln. Diese Schätze gehen schnell kaputt. Oder jemand klaut sie. Jesus rät: Sammelt Schätze im Himmel! Da sind sie sicher. Und sie bleiben heil.
An Schätzen hängt das Herz. So ähnlich ist es, wenn man jemand sehr liebt. Dein Herz ist immer bei deinem Schatz.
Ist dein Schatz im Himmel, ist auch dein Herz im Himmel. Also bei Gott. Dann bist du Gott ganz nahe.
Das ist das Ziel vom Fasten.

Fürbitten

Gott,
du kennst alle Menschen genau.
Du weißt unsere Stärken und Schwächen.
Wir sind oft verzweifelt: Alles läuft schief!
Gott, hilf uns! Zeig uns unsere Stärken!

Gott,
du kennst alle Menschen genau.
Besser als wir uns selbst.
Wir sind oft stolz: Was wir alles können!
Gott, hilf uns! Schenk uns das richtige Maß!

Gott,
du kennst alle Menschen genau.
Besser als wir uns selbst.
Wir fragen: Was ist wichtig im Leben?
Gott, hilf uns, Antworten zu finden.

Gott,
du kennst alle Menschen genau.
Besser als wir uns selbst.
Wir bitten dich: Sei uns nahe!
Dann finden wir Wege.
Dann leben wir gut.
Mit unseren Stärken und unseren Schwächen.
Aber mit dir.
Amen.

Invokavit

Genesis 3,1–19 (20–24) | *Heraus aus dem Paradies!*
Matthäus 4,1–11 | *Der Teufel stellt Jesus auf die Probe*

Genesis 3,1–19 (20–24)

Gott ist der Anfang von allem. Im Buch Genesis stehen Antworten auf die Fragen: Warum gibt es die Welt? Warum gibt es den Menschen? Wie sind Menschen eigentlich – und warum?

Gott hat alles gemacht. Auch die Schlange. Sie ist schlauer als alle Tiere auf dem Feld. Sie sagt zu der Menschen-Frau: Im Garten sind Bäume. Gott hat gesagt: Ihr dürft davon nichts essen. Stimmt das? Da sagt die Frau zur Schlange: Wir dürfen von den Früchten von den Bäumen im Garten essen. Aber ein Baum steht in der Mitte vom Garten. Gott hat gesagt: Davon dürft ihr nicht essen. Sonst sterbt ihr.

Die Schlange sagt zur Frau: Es ist anders. Esst davon! Dann (erst) lebt ihr! Gott weiß: Dann gehen euch die Augen auf. Dann seid ihr wie Gott. Dann erkennt ihr Gut und Böse.

Da will die Frau von dem Baum essen. Der Baum sieht schön aus. Und Eva möchte klug sein. Sie nimmt von der Frucht, und sie isst davon. Sie gibt ihrem Mann Adam ein Stück von der Frucht. Und Adam isst auch davon.

Adam und der Frau gehen die Augen auf. Sie erkennen: Wir sind nackt. Sie nehmen Blätter vom Feigenbaum. Die beiden Menschen machen sich daraus Kleider.

Der Abend kommt, und es wird kühl. Gott geht durch den Garten. Adam und die Frau hören ihn. Sie verstecken sich unter den Bäumen.

Gott, der Herr, ruft Adam und sagt: Wo bist du?

Adam sagt: Ich habe dich gehört. Ich habe Angst. Denn ich bin nackt. Darum habe ich mich versteckt.

Gott spricht: Wer hat dir gesagt: Du bist nackt? Hast du von dem Baum gegessen? Ich hatte es dir doch verboten.

Da sagt Adam: Die Frau hat mir von dem Baum gegeben. Und ich habe gegessen.

Da spricht Gott, der Herr, zur Frau: Warum hast du das getan?
Die Frau sagt: Die Schlange hat mich verführt. Deshalb habe ich gegessen.
Da spricht Gott der Herr zur Schlange: Du hast dies getan. Deshalb bist du verflucht. Ab jetzt kriechst du auf dem Bauch. Ab jetzt frisst du dein Leben lang Staub. Es ist Feindschaft zwischen dir und der Frau. Ihre Kinder und deine Kinder sind Feinde. Der Mensch zertritt dir den Kopf. Du beißt in seinen Fuß.
Und zur Frau spricht Gott: Mit Schmerzen bekommst du deine Kinder. Du hast Verlangen nach deinem Mann. Aber er herrscht über dich.
Und zum Mann spricht Gott: Du hast auf deine Frau gehört. Du hast vom Baum gegessen. Ich hatte es dir verboten. Deshalb ist der Ackerboden verflucht. Mit Anstrengung und Mühe ernährst du dich von ihm. Dein Leben lang. Immer wieder wachsen Dornen und Disteln auf deinem Acker. Du musst die Pflanzen vom Feld essen. Mit großer Mühe. Und mit Schweiß im Gesicht isst du dein Brot. Dann stirbst du. Andere begraben dich in der Erde. Aus der Erde kommst du. Du kommst aus dem Staub. Und dann bist du wieder Staub.

Und Adam nennt seine Frau Eva. Das bedeutet: Leben.
Eva wird die Mutter von allen Menschen auf der Erde.
Gott, der Herr macht für Adam und Eva Röcke aus Fellen. Er bekleidet sie damit.
Gott, der Herr sagt: Der Mensch ist wie Gott geworden. Was ist gut? Was ist böse? Das weiß der Mensch jetzt. Aber die Früchte vom Lebens-Baum sind verboten. Der Mensch soll sie nicht essen. Denn sonst lebt er für immer.

Gott, der Herr vertreibt die Menschen aus dem Garten von Eden. Sie sollen den Ackerboden bebauen. Am Eingang zum Garten stellt er Wachen auf. Das sind Engel mit einem Schwert aus Flammen. Sie bewachen den Eingang. So kommt niemand an den Lebens-Baum.

Matthäus 4,1–11

Jesus ist in der Wüste. In der Wüste gibt es nur Sand und Steine. 40 Tage hält Jesus aus ohne Essen und Trinken. Dann hat er großen Hunger.

Da kommt der Teufel zu Jesus. Er will Jesus auf die Probe stellen. Der Teufel weiß: Jesus tut, was Gott will. Jetzt aber soll Jesus tun, was der Teufel will.

Der Teufel hat eine erste Idee. Er sagt zu Jesus: Du bist doch der Sohn von Gott. Der Sohn von Gott kann Wunder tun. Hier sind viele Steine. Mach aus diesen Steinen Brot. Dann hast du etwas zu essen. – Jesus ist klüger als der Teufel. Er durchschaut ihn. Jesus sagt: In der Bibel steht: Der Mensch lebt von vielen Dingen. Brot ist wichtig. Aber noch wichtiger ist das Wort von Gott. Das bedeutet: Jeder Mensch muss essen. Jeder braucht Brot zum Leben. Aber es gibt auch den Hunger nach Gott.

Der Teufel hat eine zweite Idee. Er führt Jesus auf eine hohe Mauer. Der Teufel sagt: Du bist doch der Sohn von Gott. Dann spring hinunter. In der Bibel steht: Gott wird seine Engel schicken. Sie werden dich auf Händen tragen. Alles wird gut gehen. Aber Jesus ist klüger als der Teufel. Er durchschaut ihn. Jesus sagt: Es ist richtig: Gott passt auf alle Menschen auf. In der Bibel steht aber auch: Achte Gott, deinen Herrn. Sollte ich Gott herausfordern? Auf keinen Fall! Du sollst Gott nicht auf die Probe stellen.

Der Teufel hat eine dritte Idee. Er führt Jesus auf einen hohen Berg. Der Teufel sagt: Da siehst du die ganze Welt und ihre Schönheit. Alles will ich dir geben. Ich habe nur eine Bedingung: Bete zu mir. Fall nieder. Mach dich klein vor mir. Bete mich an. Jesus ist klüger als der Teufel. Er durchschaut den Teufel.

Jesus ruft: Weg mit dir, Teufel. In der Bibel steht:
Betet nur zu Gott!
Da lässt ihn der Teufel in Ruhe.
Und Engel kommen zu Jesus. Sie dienen ihm.

Abendmahlsgebet

Gott,
das Paradies mussten wir verlassen.
Ein neuer Ort wartet auf uns.
Das Leben mit dir.

Jesus, du lädst ein an deinen Tisch.
Wir feiern mit dir. Du bist unser Bruder.
Du bist treu. Egal was wir tun.

Nun teilen wir alles mit dir.
Brot und Wein.
Leben und Liebe.
Heute und immer.
Amen.

Reminiszere

Numeri 21,4–9 | *Die Schlange aus Eisen*
Johannes 3,14–21 | *Gott hat die Welt sehr geliebt*

Numeri 21,4–9

Das Volk Israel hat Ägypten verlassen. Die Menschen ziehen durch die Wüste. Sie lagern bei einem Berg. (Er heißt Hor.)

Das Volk zieht weiter Richtung Schilfmeer. Das Land Edom ist zu gefährlich. Die Leute sind unzufrieden. Sie haben Hunger und Durst.
Sie beschweren sich bei Gott. Sie beschweren sich bei Mose. Sie fragen: Warum habt ihr uns aus Ägypten geführt? Wir sterben in der Wüste. Kein Brot, kein Wasser! Nur eklige Sachen.
Da schickt Gott feurige Schlangen. Die Schlangen beißen das Volk. Viele sterben.
Die Leute kommen zu Mose. Sie sagen: Es tut uns leid.
Wir haben einen großen Fehler gemacht! Wir haben uns beklagt. Das war falsch. Bitte hilf uns. Sag Gott: Nimm doch die Schlangen weg von uns!
Mose bittet Gott darum.
Gott sagt zu Mose: Schmiede eine Schlange aus Eisen! Richte sie an einer Stange auf. Sag den Menschen: Guckt die Schlange an. Dann werdet ihr leben!
Das tut Mose. Er schmiedet eine Schlange. Er richtet sie an einem Stab auf.
Die Schlangen beißen weiter die Leute. Aber die Leute sehen die Eisen-Schlange an. Und so bleiben sie am Leben.

Johannes 3,14–21

Jesus spricht mit Nikodemus.
Er ist ein angesehener Mann aus dem Rat in Jerusalem.
Nikodemus kommt zu Jesus in der Nacht.

Jesus sagt: Mose hat in der Wüste eine Schlange aus Eisen gebaut. Er hat sie hoch aufgestellt. Genauso erhöht Gott den Menschen-Sohn. Alle schauen auf ihn. Alle, die an ihn glauben, haben das ewige Leben. Denn Gott hat die Welt sehr geliebt.
Seinen einzigen Sohn hat er gegeben. Viele glauben an ihn. Sie haben das ewige Leben. Gott rettet sie.
Denn Gott will diese Welt retten. Durch mich. Jesus.
Viele glauben an mich. Sie sind sicher vor dem Gericht.
Andere Menschen lehnen den einzigen Sohn ab. Sie werden gerichtet.
Was ist das Gericht? Das Gericht bedeutet: Das Licht von Gott ist in die Welt gekommen. Aber die Menschen lieben das Dunkel mehr als das Licht. Denn ihr Tun ist böse. Wer Böses tut, hasst das Licht. Wer ehrlich ist, liebt das Licht.
Man sieht, was er tut. Das will Gott.

Fürbitten

Gott, du schenkst uns das gelobte Land.
Du willst, dass wir dahin aufbrechen.
Wenn wir mutlos sind, bist du da.
Wenn wir ohne Plan unterwegs sind, zeigst du die Richtung.

Wir bitten dich für alle, die dich suchen.
Sie brauchen ein Zeichen.
Wir bitten dich für alle, die verzweifelt sind. Sie brauchen Trost.
Menschen wollen aufbrechen. Aber ihnen fehlt der Mut.
Gott, wir bitten dich für sie und für uns.
Schenke uns das wahre zu Hause.
Schenke uns deine Nähe.
Wir brauchen dich.
Wir vertrauen dir an, was uns bewegt, und beten gemeinsam:
Vaterunser

Okuli

1. Könige 19,1–8 (9–13a) | *Elia auf dem Berg Horeb*
Lukas 9,57–62 | *Schaut nach vorn!*

1. Könige 19,1–8 (9–13a)

Ahab und Isebel sind König und Königin in Israel. Isebel betet zum Gott Baal.

Ahab erzählt Isebel vom Propheten Elia. Elia hat alle Propheten von Baal mit dem Schwert getötet. Isebel ist wütend. Sie schickt einen Boten zu Elia. Der soll Elia von Isebel sagen: Du hast die Propheten umgebracht. Morgen um diese Zeit mache ich mit dir dasselbe.

Da fürchtet sich Elia. Er geht los und läuft um sein Leben.
Elia kommt in die Stadt Beerscheba in Juda. Sein Diener bleibt da. Elia geht allein weiter. Er geht einen ganzen Tag lang in die Wüste hinein. Dann setzt er sich unter einen Ginster. Elia will sterben. Er sagt: Ich bin am Ende. Nimm mein Leben, Gott. Meine Väter sind schlecht gewesen. Ich bin genauso schlecht.

Elia legt sich hin. Er schläft unter dem Ginster-Strauch. Auf einmal kommt ein Engel. Der Engel berührt Elia. Der Engel sagt: Steh auf! Du sollst etwas essen.

Elia sieht sich um. Neben seinem Kopf liegt ein geröstetes Brot. Daneben steht ein Krug mit Wasser. Elia isst und trinkt. Dann schläft er wieder ein.

Der Engel kommt zum zweiten Mal. Er berührt Elia noch einmal. Der Engel sagt: Steh auf! Du sollst etwas essen. Du hast noch einen weiten Weg vor dir.

Elia steht auf. Er isst und trinkt. Das stärkt ihn. Dann geht er weiter – 40 Tage und 40 Nächte bis zum Berg von Gott. Der Berg heißt Horeb.

Elia geht in eine Berg-Höhle. Dort schläft er eine Nacht.
Auf einmal hört er Gott. Gott sagt: Was machst du hier, Elia?
Elia antwortet: Ich habe für Gott gekämpft. Für den Gott Zebaoth. Denn das Volk Israel hat den Bund mit dir gebrochen. Es

hat die heiligen Orte zerstört. Das Volk hat deine Propheten mit dem Schwert getötet. Ich bin allein übrig geblieben. Und jetzt droht mir auch der Tod.
Gott sagt: Geh aus der Höhle heraus. Stell dich vor den Berg. Dreh dein Gesicht zu mir. Dann erlebst du: Ich komme.
Elia wartet. Er fragt sich: Wo ist Gott? Ein starker Wind kommt. Die Berge bewegen sich. Felsen brechen auseinander. Kein Gott. Wo bleibt Gott? Elia wartet weiter.
Dann kommt ein Erdbeben. Der Boden wackelt. Wo ist Gott? Elia wartet weiter. Dann kommt ein heftiges Feuer. Und Gott? Elia wartet.
Aber nach dem Feuer kommt ein stilles, sanftes Rauschen. Elia hört das. Er versteckt das Gesicht in seinem Mantel. Dann geht er an den Höhlen-Eingang.

Lukas 9,57–62

Jesus und seine Freunde sind zusammen unterwegs. Da sagt einer zu Jesus: Ich will dir folgen. Egal wo du hingehst.
Und Jesus sagt zu ihm: Die Füchse haben einen Fuchsbau. Die Vögel haben zum Schlafen ihre Nester. Aber der Menschen-Sohn hat kein zu Hause.
Und Jesus sagt zu einem anderen Jünger: Komm hinter mir her! Der andere Jünger sagt: Ich muss zuerst meinen Vater begraben. Bitte erlaub mir das, Herr!
Aber Jesus sagt zu ihm: Die Toten sollen ruhig die Toten begraben. Du aber kommst mit. Du erzählst die gute Nachricht vom Reich Gottes weiter!
Und ein anderer spricht zu Jesus: Herr, ich will hinter dir herziehen. Aber ich muss mich zuerst zu Hause verabschieden. Bitte erlaub mir das, Herr!
Aber Jesus sagt zu ihm: Beim Pflügen auf dem Feld schaut ein Mensch nach vorne. Beim Weitersagen vom Reich Gottes tut man das auch. Manche schauen hinter sich her. Die sind auf dem falschen Weg.

Tagesgebet

Gott,
du erinnerst dich an uns. Das tut gut.
Du erinnerst dich, dass du uns gemacht hast.
Du hast uns immer im Blick.
Wir schauen nach vorn. Wir suchen nach unserem Weg.
Wir gehen Schritt für Schritt.
Wir bitten dich: Begleite uns.
Öffne uns für deinen Blick.
Unsere Augen richte auf den Weg zu dir.
Unsere Augen und deine Augen – lass sie sich begegnen.
Amen.

Laetare

Jesaja 54,6b–10 | *Gott ist zuverlässig*
Johannes 6,47–51 | *Brot zum Leben*

Jesaja 54,6b–10

Der Prophet Jesaja berichtet von Gott. Er sagt:

So spricht Gott zu seinem Volk:
Kann jemand seine erste Liebe für immer wegstoßen? [Nein.]
Ich habe dich nur einen Augenblick verlassen.
Aber ich habe dich von Herzen lieb.
Deshalb hole ich dich nach Hause. Zu mir.
Ja. Ich habe mich von dir kurz abgewendet.
Ich bin zornig über dich gewesen.
Aber ab jetzt bin ich immer gut zu dir.
Das sage ich, der Herr.
Ich befreie und rette dich.
Wie damals bei Noah ist es.
Die ganze Welt war mit Wasser überflutet. Aber Noah und seine Familie habe ich gerettet.
Ich verspreche dir:
Meine Wut ist vorüber, für immer.
Berge können einstürzen und Hügel umfallen.
Aber meine Liebe zu dir bleibt feststehen.
Ich verspreche dir Frieden. Diese Zusage gilt sicher.
Das spricht Gott. Gott liebt dich von Herzen.

Johannes 6,47–51

Jesus hält vor vielen tausend Menschen eine Rede.
Jesus sagt: Es ist bestimmt wahr.
Glaubt an mich! Dann habt ihr das ewige Leben.
Ich bin das Brot zum Leben.
Eure Vorfahren haben in der Wüste Manna bekommen.
Manna ist ein besonderes Brot von Gott.
Wie Regen oder Schnee ist es vom Himmel gefallen.

Aber die Menschen sind trotzdem gestorben.

Jesus spricht weiter:

Ich bin das wahre und lebendige Brot. Ich komme vom Himmel.
Auch dieses Brot ist zum Essen. Mit diesem Brot leben Menschen für immer.
Ich gebe mich selbst als Brot für die Welt.
Ich bin das Brot für das Leben.

Abendmahlsbetrachtung und -gebet

Jesus lädt uns ein an seinen Tisch.
Groß und Klein, Jung und Alt, Männer und Frauen.
Die einen fühlen sich ihm nahe.
Für andere ist er weit weg. Aber alle lädt er ein.
Alle sollen satt werden. Schon jetzt.

Wir erinnern uns:
Es ist Nacht. Jesus sitzt mit seinen Freunden am Tisch.
Er feiert mit ihnen das Abendmahl.
Jesus nimmt das Brot und bricht es. Er dankt Gott und sagt:
Nehmt und esst. Das bin ich + für euch.
Danach nimmt Jesus den Becher. Er dankt Gott und sagt:
Nehmt und trinkt. Das bin ich + für euch.
Das bin ich für alle (Menschen).
Ich verzeihe euch die Schuld. So könnt ihr leben.
Das sollt ihr immer wieder tun. Erinnert euch an mich.

Abendmahlsgebet

Jesus, wir danken dir, du bist von Gott zu uns gekommen.
Du bist ein Mensch geworden wie wir.
Du hast gegessen, getrunken und gefeiert.
Besonders gerne mit armen Leuten.
Komm zu uns. Wir wollen das Brot des Lebens essen.
Dann sind wir im Himmel.

Judika

Genesis 22,1–13 | *Abraham und Isaak*
Johannes 11,47–53 | *Jesus muss sterben*

Genesis 22,1–13

Gott will Abraham prüfen.
Er ruft ihn: Abraham!
Abraham antwortet: Hier bin ich.
Gott sagt zu ihm: Du hast nur einen Sohn. Der heißt Isaak. Du liebst ihn. Nimm ihn und geh mit ihm in ein fremdes Land. Es heißt Morija. Dort zeige ich dir einen Berg. Auf diesem Berg sollst du mir Isaak als Brand-Opfer bringen. Das befehle ich dir.
Früh am Morgen steht Abraham auf. Er sattelt seinen Esel. Er nimmt zwei Knechte und seinen Sohn Isaak mit auf die Reise. Er spaltet Holz für das Brand-Opfer.
Abraham geht los hin zu dem Berg. Gott hat den Berg genannt. Nach drei Tagen Reise sieht Abraham den Berg aus der Ferne. Er sagt zu seinen Knechten: Bleibt mit dem Esel hier. Isaak und ich gehen zu dem Berg dort. Wir beten dort und bringen ein Opfer. Dann kommen wir wieder zu euch zurück.
Abraham nimmt das Holz für das Opfer. Isaak trägt es.
Abraham selber nimmt das (brennende) Feuer und das Messer. Beide gehen los.
Isaak sagt zu Abraham: Mein Vater!
Abraham antwortet: Hier bin ich, mein Sohn.
Isaak sagt: Wir haben Feuer und wir haben Holz. Wo ist das Schaf für das Brandopfer?
Abraham antwortet ihm: Mein Sohn, Gott sucht sich bestimmt ein Schaf zum Brandopfer aus.
Und sie gehen gemeinsam weiter. Gott hat Abraham eine Stelle gezeigt. Dahin kommen Abraham und Isaak jetzt.
Abraham baut einen Altar. Er legt Holz darauf. Abraham bindet seinem Sohn Isaak die Hände und die Füße zusammen. Er bindet ihn auf den Holzhaufen und nimmt das Messer. Er ist bereit: Er schlachtet und opfert Isaak, seinen Sohn.

Da kommt ein Engel von Gott. Der Engel ruft nach ihm: Abraham, Abraham!
Abraham antwortet: Hier bin ich.
Der Engel sagt: Nimm das Messer weg von deinem Sohn. Er soll leben. Ich weiß nun: Du fürchtest Gott. Du gibst sogar deinen Sohn.
Abraham sieht auf. Er entdeckt einen Widder hinter sich. Der Widder hängt mit seinen Hörnern in der Hecke fest. Abraham fängt den Widder. Er tötet ihn. Er opferte den Widder.
Und Isaak lebt weiter.

Johannes 11,47–53

Die Hohepriester und die Pharisäer versammeln den Hohen Rat. Sie fragen: Was sollen wir tun? Dieser Mensch Jesus tut viele Zeichen. Können wir das zulassen? Dann glauben alle an ihn. Dann kommen die Römer. Sie nehmen uns das Land weg. Die Römer vertreiben die Juden.
Kaiphas ist in diesem Jahr der Hohepriester. Das ist der wichtigste von den Priestern.
Kaiphas sagt: Besser ein Mensch stirbt. Und das ganze Volk bleibt am Leben.
Dieser Gedanke kommt von Gott: Jesus stirbt für das ganze Volk. Dann ist Jesus weg. Und das Volk ist gerettet.
Seit diesem Tag ist es klar: Die Hohepriester und Pharisäer töten Jesus. Das planen sie sicher.

Präfationsgebet

Jesus,
du bist in unsere Welt gekommen. Mitten hinein.
Du hast alles mitgetragen. Menschen haben dir geglaubt.
Andere hatten Angst vor dir. Sie haben dich getötet.
Du bist gestorben. Für uns.
Aber du hast das Grab verlassen.
Die Welt ist dein Ort. Und der Himmel ist es auch.
Und so danken wir dir. Wir preisen dich.
Wir feiern: Du bist Gott und du bist Mensch.
Du bist in unserer Mitte.
Dein Leib und dein Blut sind dein Geschenk an uns.
Das ist groß.
Das ist ein Geheimnis.
Wir können es nur glauben.
Amen.

Palmarum

Markus 14,3-9 | *Eine Frau salbt Jesus*
Johannes 12,12-19 | *Einzug in Jerusalem*

Markus 14,3-9

Jesus und seine Freunde sind auf dem Weg in die Stadt Jerusalem.
Dort feiern sie ein großes Fest.
Es kommen auch viele andere nach Jerusalem.
Die ganze Stadt ist voll von Menschen.

Kurz vor Jerusalem kommen Jesus und seine Freunde nach Bethanien. Das ist ein kleines Dorf.
Dort sind sie zu Gast bei Simon. Simon ist krank. Er ist oft allein. Denn die Menschen aus dem Dorf haben Angst vor dieser Krankheit.
Jesus und seine Freunde sitzen bei Simon am Tisch. Sie essen alle gemeinsam.
Da kommt eine Frau herein. Sie hat eine kleine Flasche mit Haut-Öl dabei. Sie öffnet die kleine Flasche. Die Frau gießt Jesus das kostbare Öl auf den Kopf. Sie tut etwas Besonderes für ihn.
Die Freunde von Jesus sind sehr wütend darüber: Das teure Öl! Was für eine Verschwendung! Das Öl kostet viel Geld. Es ist besser, den Armen Geld zu geben! Die Freunde schimpfen mit der Frau.
Jesus verteidigt sie: Lasst sie in Ruhe! Warum schimpft ihr mit ihr? Das Öl ist eine Ehre für mich. Arme gibt es immer. Ihr könnt ihnen immer helfen. Aber ich lebe nicht mehr lange. Diese Frau hat mich schon jetzt mit Öl gesalbt. So wie man es mit den Toten macht. Das ist eine gute Tat von ihr. Ich habe viel von Gott erzählt. Und was er für die Menschen will. Alle sollen das weitererzählen. Und zu der Geschichte von Gott gehört von heute an auch: Diese Frau hat mich mit Öl gesalbt. Das ist eine gute Tat. Heute und immer.

Johannes 12,12–19

Viele Menschen kommen in die Stadt Jerusalem.
Sie kommen aus dem ganzen Land dorthin. Dort wollen sie ein wichtiges Fest feiern.
Die Menschen hören: Jesus kommt auch. Sie freuten sich und gehen zu ihm. Sie winken mit Palm-Zweigen.
Laut rufen sie: Hosianna! Das heißt: Hilf doch! Du bist da! Wir freuen uns. Denn Jesus kommt von Gott. Deswegen ist er König von Israel. Von unserem Land.
Jesus findet einen jungen Esel. Und er setzt sich auf den Esel.
So hat der Prophet Sacharja es schon gesagt: Menschen, freut euch! Denn euer König kommt. Er reitet auf einem jungen Esel.
Das haben die Freunde von Jesus erst später verstanden. Erst als Jesus gestorben war. Und als er wieder bei Gott war. Einige Menschen hatten gesehen: Jesus hat einen Toten aufgeweckt. Jetzt lebt er wieder. Viele Menschen hatten das gehört. Sie bewundern Jesus. Deswegen gingen sie jetzt zu ihm.
Andere merken: Jesus ist jetzt wichtiger als wir. Alle hören nur noch ihm zu.

Tagesgebet

Jesus Christus,
heute jubeln wir dir zu.
Wir freuen uns: Du kommst zu uns!
Und morgen? Wir kennen uns.
Und wir kennen deine Geschichte:
Du leidest unter Folter und Tod.
Und bist ganz alleine. Wo sind wir?
Was tun wir für dich?
Was tun wir für Menschen, die leiden?
Hilf uns! Gib uns Stärke!
Damit wir das Schwere aushalten.
Amen.

Gründonnerstag

Markus 14,17-26 | *Jesus bricht das Brot*
1. Korinther 11,23-26 | *Paulus erzählt vom letzten Abend-Mahl*

Markus 14,17-26

Es ist Abend. Jesus ist mit seinen zwölf Freunden zusammen.
Sie sitzen am Tisch. Und sie haben gegessen.
Jesus sagt: Bald verrät mich einer von euch.
Die Freunde sind traurig. Jeder fragt ihn: Bin ich es? Meinst du mich?
Jesus sagt: Es ist einer von euch. Er sitzt jetzt mit am Tisch und isst mit mir. In der Heiligen Schrift steht: Der Menschen-Sohn muss sterben. Jemand hat ihn verraten. Wehe diesem Menschen!
Sie essen.

Dann nimmt Jesus das Brot. Er dankt Gott. Er bricht das Brot.
Er gibt es ihnen.
Und sagt: Nehmt und esst. Das ist mein Leib.
Und Jesus nimmt den Kelch.
Er dankt dafür und gibt den Freunden den Kelch mit Wein.
Und sie trinken alle daraus.
Und Jesus spricht zu ihnen:
Dieser Wein ist das Blut von meinem Bund.
Mein Blut – vergossen für alle.
Ich sage euch: Ich höre auf, Wein zu trinken.
Erst bei Gott trinke ich wieder davon.

Jesus und seine Freunde singen zusammen. Sie danken. Und sie gehen hinaus auf den Ölberg.
Und Jesus sagt zu ihnen: Bald seid ihr alle entsetzt und lauft weg.
In der Bibel steht: Gott sagt: Ich schlage den Hirten. Und die Schafe laufen auseinander.

1. Korinther 11,23–26

Paulus schreibt: Ich habe diese Geschichte von Gott.
Und ihr habt sie von mir schon gehört.
Jesus ist mit seinen Freunden zusammen.
Ein Freund von Jesus hat ihn verraten.
Es ist Nacht. Jesus und die Freunde sitzen zusammen.
Da nimmt Jesus das Brot. Er dankt Gott.
Er bricht das Brot in Stücke.
Er sagt: Das ist mein Leib für euch.
Tut das zu meinem Gedächtnis.
Nach dem Mahl nimmt er den Kelch. Und er sagt:
Dieser Kelch ist der neue Bund in meinem Blut.
Trinkt daraus. Und denkt dabei jedes Mal an mich.
Paulus schreibt seiner Gemeinde in Korinth: Macht das auch so.
Immer wieder. Erinnert euch und die anderen an den Tod von
Jesus. Dann verkündigt ihr Jesus, bis er wiederkommt.

Präfationsgebet

Gott,
du kommst zu uns.
In Brot und im Wein.
Deshalb loben wir dich.
Wir danken dir.
Die Zeit ist reif: Du hast deinen Sohn geschickt.
Deshalb singen wir mit allen Engeln:
Du bist heilig.
Du bringst Heil.
Amen.

Karfreitag

Jesaja 52,13-15-53,1-12 | *Einer trägt alle Schmerzen*
Matthäus 27,33-50 (51-54) | *Golgatha*

Jesaja 52,13-15-53,1-12

Jesaja ist ein Prophet. Er spricht über einen besonderen Menschen. Er nennt ihn Knecht von Gott. Dieser Mensch dient Gott. Er leidet für uns. Er leidet für alle.

Gott sagt: Mein Knecht ist ganz besonders. Würdig ist er.
Aber viele regen sich über ihn auf: Wie er aussieht! So anders als andere. So hässlich.
Viele sind entsetzt. Sie wenden sich von ihm ab.
Aber dann kommt eine Überraschung. Plötzlich wundern sich alle. Auch die Könige und die Mächtigen. Was sie sehen und hören, ist völlig neu. Gott selbst hat es gezeigt.

Wir haben etwas gehört. Wer glaubt das?
Die Macht von Gott zeigt sich. Wer kann das verstehen?
Es beginnt mit einem zarten Keim.
Mit einer Wurzel aus vertrocknetem Boden.
Dieser Anfang ist weder schön noch anziehend.
Wir haben ihn gesehen. Er ist hässlich.
Sehr unbeliebt und völlig unbedeutend.
Er hat große Schmerzen und ist sehr krank.
Er ist so abstoßend. Man kann kaum hinsehen.
Wir haben ihn völlig abgelehnt.
Tatsächlich aber hat er unsere Krankheit getragen.
In Wahrheit hat er sich mit unseren Schmerzen belastet.
Aber wir glauben: Gott hat ihn furchtbar bestraft.
Dabei hat ihn unsere Schuld verwundet.
Und unser Versagen hat ihn so verletzt.
Ihn hat die Strafe getroffen. Wir sind davongekommen.
Er trägt die Wunden. Wir sind geheilt.
Wir sind herumgelaufen wie die Schafe. Wir haben uns verirrt.
Jeder hat sich nur um sich selbst gekümmert.

Gott hat uns unser Versagen weggenommen.
Und es hat ihn selbst getroffen.
Er wird gequält. Und er leistet keinen Widerstand.
Wie ein Lamm ist er auf dem Weg zum Schlachter.
Still wie ein Schaf beim Geschoren-Werden.
Angst und Verurteilung liegen hinter ihm.
Aber wer versteht sein Schicksal?
Aus dem Leben haben Menschen ihn weggerissen.
Er wird für die Verbrechen unserer Mit-Menschen bestraft.
Man hat ihn mit Schurken und Hals-Abschneidern beerdigt.
Obwohl Gewalt und Lüge ihm fremd sind.
Aber so will es Gott.
Mit seinem Leben hat er die Schuld der anderen bezahlt.
Deshalb hat er eine große Zukunft.
Der Plan von Gott geht auf.
Er hat sich so gequält.
Er bekommt den Lohn.
So viele Menschen sind heil geworden dadurch.
Er ist mein Vertrauter, der Gerechte.
Er trägt Scheitern von den Menschen.
Er ist für sie eingetreten. Das ist sein Lohn.

Dafür werde ich sorgen, sagt Gott.
Für die Menschen hat er sogar sein Leben hingegeben.
Er hat sich mit Verbrechern auf eine Stufe gestellt.
Er hat für ihre Schuld bezahlt.
Und er hat sich bei Gott für sie eingesetzt.

Matthäus 27,33–50

Pilatus hat Jesus zum Tod verurteilt. Jesus geht den langen Weg bis zum Kreuz.

Die Soldaten von Pilatus kommen mit Jesus nach Golgatha. Das bedeutet: Ort von toten Schädeln. Dort geben sie Jesus ungenießbaren Wein zu trinken. Jesus merkt das. Er weist den Wein ab. Die Soldaten hängen ihn an ein Kreuz. Dann verteilen sie seine Kleider. Manche verlosen sie. Sie sitzen unter dem Kreuz und bewachen Jesus. Oben am Kreuz bringen sie ein Schild an. Darauf steht: Das ist Jesus. Der König von den Juden.
Zugleich werden zwei Räuber gekreuzigt an den Kreuzen rechts und links von Jesus.

Menschen gehen daran vorbei. Sie lästern und schütteln die Köpfe. Sie sagen: Du willst den Tempel abreißen und in drei Tagen wieder aufbauen? Bist du der Sohn von Gott? Dann hilf dir doch selbst! Steig herunter vom Kreuz!
Auch die (hochgestellten) Priester machen sich über ihn lustig. Und die großen Gelehrten und die Ältesten spotten: Er hat so vielen anderen geholfen. Aber sich selbst? Der ist der König von Israel? Er soll doch vom Kreuz herabsteigen! Dann wollen wir an ihn glauben! Er hat Gott vertraut. Soll Gott ihm doch helfen. Wenn Gott will. Immerhin hat Jesus doch behauptet: Ich bin der Sohn von Gott.
So demütigen ihn sogar die Räuber neben ihm. Mitten am Tag wird es im ganzen Land dunkel.
Dann schreit Jesus: Eli, Eli, lama asabtami? Das heißt übersetzt: Mein Gott, mein Gott, warum hast du mich verlassen?
Alle dort hören das. Einige sagen: Jesus ruft Elia, den Prophet. Und einer läuft los. Er holt einen Schwamm und saugt ihn voll mit Essig. Den gibt er Jesus zum Trinken.
Aber die anderen sagen: Lass das. Wir wollen sehen: Kommt Elia und hilft Jesus?
Jesus schreit ein letztes Mal. Dann stirbt er. Da zerreißt der Vorhang im Tempel in der Mitte durch.
Und die Erde bebt. Felsen brechen entzwei. Gräber öffnen sich. Verstorbene Menschen kommen aus den Gräbern heraus.
Jesus verlässt sein Grab auch. Die anderen gehen ihm hinterher nach Jerusalem und zeigen sich den Leuten.
Der Hauptmann und die Wachleute sehen das alles. Sie erschrecken und sagen: Das ist wirklich der Sohn von Gott!

Kyriegebet (Vorspruch)

Jesus,
ich möchte gern mit offenem Herzen vor dir stehen.
Aber so vieles trennt mich von dem Menschen, der ich sein will.
Ich stehe unter deinem Kreuz, Herr,
ich bitte dich: Erbarme dich meiner.
Kyriegesang

Du nimmst mich an.
Du nimmst meine Last auf deine Schulter.
Darum bete ich:
Vater unser ...

Karsamstag

Jesaja 26,13-19 | *Die Wehen vor der Geburt*
Ezechiel 37,1-14 | *Das Knochen-Feld*

Jesaja 26,13-19

Der Prophet Jesaja spricht zu Gott:

Gott, andere regieren über uns. Nur du bist wichtig für uns. Die Toten sind tot und bleiben es auch. Das ist deine Strafe für sie. Du hast die Erinnerungen an sie zerstört.
Gott, du hast das Volk Israel größer gemacht. So hast du deine Herrlichkeit gezeigt. Die Grenzen vom Land hast du auseinandergeschoben. Das Land ist größer geworden. In seiner Not ist das Volk zu dir gekommen. Da hast du das Volk geschlagen. Die Menschen haben geschrien und hatten Angst.
Eine schwangere Frau kurz vor der Geburt schreit und hat starke Schmerzen. So geht es uns auch.
Du siehst uns an, Gott. Das tut weh. Es fühlt sich an wie Schwanger-sein. Und wir krümmen uns vor Schmerz. Wir bringen nur Luft zur Welt. Wir sind hilflos und bleiben ohne Kinder.
Gott, du lässt die Toten auferstehen. Die Toten leben wieder. Ihr Toten, wacht auf und jubelt!
Am Morgen hält der Tau das Gras feucht. Die Erde wacht auf. Wie ein Mensch morgens aufwacht. Und so ist es mit den Toten auch: Du lässt sie wieder leben.

Ezechiel 37,1–14

Ezechiel ist ein Prophet. Er sieht und hört: Gott hat etwas mit den Menschen vor. Ezechiel lebt mit vielen anderen Leuten aus Israel im fernen Land Babylon. Das liegt im heutigen Irak.

Der Prophet erzählt:
Der Geist von Gott hat mich an einen besonderen Ort gebracht.
Ich stehe auf einem weiten Feld. Es ist voll mit dürren Knochen von toten Menschen. Das ganze Feld ist voll davon.
Und Gott spricht zu mir: Was meinst du, Mensch: Sind diese Knochen bald wieder lebendig? Ist das möglich?
Ich sage: Du allein weißt es, mein Gott.
Und er spricht: Sprich zu diesen Knochen!
Rufe über ihnen mein Wort aus und sage:
Ihr dürren Knochen, hört das Wort von Gott.
So spricht Gott:
Schaut, ich bringe euch Atem. Ich mache euch lebendig.
Ich gebe euch Sehnen.
Ich lasse Fleisch über euch wachsen.
Ich überziehe euch wieder mit Haut.
Ich gebe euch Lebensatem. Und dann seid ihr wieder lebendig.
Dann erfahrt ihr: Ich bin Gott, der Herr.
Das habe ich getan:
Ich habe gesagt, was Gott mir aufgetragen hatte.
Und da passiert es: Ich spreche laut im Namen von Gott. Es rauscht sehr laut. Es bewegt sich etwas. Die Knochen rücken zusammen. Knochen zu Knochen.
Sehnen und Fleisch wachsen neu. Und darüber auch Haut. Nur der Atem fehlt noch. Das Leben fehlt noch.
Da sagt Gott:
Rufe mein Wort aus zum Lebensatem, Mensch! Sag zu ihm:
So spricht Gott:
Auf, Lebensatem, komm her aus vier (Himmels-)Richtungen.
Blase die Toten an. Sie sollen wieder lebendig werden.
Das befiehlt Gott. Und ich tue es.
Da kommt der Lebensatem in die Knochen.
Die Knochen werden lebendig.
Sie stehen auf. Sie sind wie ein großes Heer.
Da spricht Gott zu mir:
Du, Mensch, diese Knochen sind das Volk Israel.
Schau doch, jetzt sagen sie: Unsere Knochen sind verdorrt.

Unsere Hoffnung haben wir verloren.
Es geht mit uns zu Ende. Uns bleibt nur der Tod.
Darum rufe meine Worte über ihnen aus und sage:
Ich will eure Gräber öffnen.
Ich hole euch heraus. Ich bringe euch zurück in Land Israel.
Ihr sollt erleben: Ich bin Gott. Ich öffne sogar eure Gräber.
Ich hole euch da heraus. Ihr seid schließlich mein Volk.
Und gebe euch meinen Lebensatem.
Dann seid ihr wieder lebendig.
Und ich bringe euch in euer Land.
Und ihr sollt erfahren: Ich bin Gott.
Ich rede es und tue es auch, spricht Gott.

Tagesgebet

Gott,
alles ist still. Dein Sohn ist tot.
Wir schweigen. – *Stille* –

Gott, nimm unseren Schmerz.
Halte uns.
Hilf uns, andere zu halten.

Eine Nacht noch!
Deine Nacht.
Amen.

Osternacht

Matthäus 28,1-10 | *Die Frauen treffen Jesus*
1. Thessalonicher 4,13-14 | *Jesus ist auferstanden*

Matthäus 28,1-10

Jesus ist tot. Der Sabbat ist vorbei. Die neue Woche beginnt.
Maria aus Magdala und die andere Maria gehen los. Sie sehen
nach dem Grab von Jesus.
Plötzlich gibt es ein großes Erdbeben. Denn ein Engel kommt
vom Himmel auf die Erde. Der Engel kommt zum Grab. Vor dem
Grab liegt ein großer Stein. Der Engel wälzt den Stein zur Seite.
Er setzte sich auf den Stein. Der Engel sieht aus wie ein Blitz. Die
Kleidung vom Engel ist schneeweiß.
Die Grab-Wächter sehen den Engel an. Sie erschrecken sehr vor
ihm. Die Wächter sind vor Schreck fast wie tot.
Aber der Engel spricht zu den Frauen: Nur Mut! Ich weiß: Ihr
sucht Jesus. Jesus ist am Kreuz gestorben. Jesus ist fort. Er ist
auferstanden. So wie er es gesagt hat. Kommt her! Seht den
Platz: Hier hat er gelegen. Und jetzt geht schnell zu den anderen.
Sagt seinen Freunden: Jesus ist auferstanden von den Toten.
Und passt auf: Jesus ist gewiss vor euch in Galiläa. Dort seht ihr
ihn. Denkt daran: Ich habe es euch gesagt.
Die Frauen gehen schnell vom Grab weg. Sie fürchten sich sehr.
Zugleich sind sie sehr froh. Die Frauen beeilen sich. Sie wollen
den Freunden von Jesus die gute Nachricht weitersagen.
Auf einmal treffen die Frauen Jesus. Der sagt: Ich grüße euch!
Und sie gehen zu ihm hin. Die Frauen fassen seine Füße an. Sie
fallen vor Jesus auf den Boden.
Da sagt Jesus zu ihnen: Seid ganz mutig! Geht, sagt es meinen
Geschwistern. Sie sollen nach Galiläa gehen. Dort sehen sie
mich dann.

1. Thessalonicher 4,13–14

Liebe Geschwister, Menschen sind gestorben. Was ist mit denen?
Das müsst ihr genau wissen. Damit ihr froh seid.
Ihr könnt Hoffnung haben. Anders als viele andere.
Denn wir glauben: Jesus ist gestorben. Und er ist auferstanden.
So ist es auch mit Toten. Gott führt sie mit Jesus zum Leben.

Abendmahlsgebet

Herr Jesus Christus,
du bist stark wie der Tod. Stärker.
Mit dir beginnt das Leben.
Es beginnt mit dir neu.
Wir bitten dich:
Gib uns den Glauben an deine Auferstehung von den Toten.

Herr Jesus Christus,
in dieser Nacht führst du uns zusammen.
Stärkst uns mit Brot.
Erfüllst uns mit Hoffnung.

Herr Jesus Christus,
wir danken dir.
Für die Kraft, neu anzufangen.
Für die Gemeinschaft, in der wir glauben.
Für deine Liebe, die den Tod hinter sich lässt.
Amen.

Ostersonntag

Markus 16,1-8 | *Frauen am Grab*
1. Korinther 15,1-11 | *Zeugnis von der Auferstehung*

Markus 16,1-8

Jesus ist tot. Er ist an ein Kreuz geschlagen worden. Ein Mann mit Namen Joseph hat ihn in sein Felsengrab gelegt. Das Grab ist so groß wie eine Höhle.

Am Samstagabend (nach dem Sabbat) kaufen drei Frauen gutes Öl. Es duftet. Zwei von ihnen heißen Maria. Eine heißt Salome. Sie wollen den toten Jesus salben. Jesus liegt in einem Felsen-Grab.
Es ist mit einem schweren Stein verschlossen.
Sehr früh am Morgen machen sie sich auf den Weg. Die Sonne geht gerade auf. Unterwegs sagen die Frauen zueinander:
Wer wälzt uns den schweren Stein vom Grab weg?
Die beiden Marias und Salome kommen ans Grab. Da sehen sie:
Der große und schwere Stein ist weg.
Da gehen sie hinein in die Grabkammer. Dort sehen sie:
Rechts sitzt ein junger Mann. Er trägt einen weißen Mantel.
Die Frauen erschrecken sich sehr.
Aber der junge Mann sagt zu ihnen: Fürchtet euch nicht. Ihr sucht Jesus von Nazareth. Die Römer haben ihn ans Kreuz geschlagen. Aber er ist auferstanden und lebt. Er ist fort. Seht, hier ist die Stelle. Da hat er gelegen.
Geht und sagt seinen Freunden und besonders Petrus: Jesus geht euch voraus nach Galiläa. Dort seht ihr ihn dann. So hat Jesus es gesagt.
Die Frauen verlassen das Grab. Sie zittern und haben Angst. Deshalb laufen sie davon. Sie schweigen über alles. Denn sie fürchten sich sehr.

1. Korinther 15,1–11

Paulus schreibt an die Gemeinde in Korinth. Er hat die Gemeinde gegründet.

Ihr Lieben!
Erinnert ihr euch an die gute Nachricht?
Ich habe sie euch doch verkündigt und erzählt!
Ihr habt diese Nachricht angenommen!
Sie hat euer Leben völlig verändert.
Diese gute Nachricht ist das Evangelium von Jesus:
Es macht euch frei. Es ist eure Rettung. Die frohe Botschaft gibt eurem Glauben Sinn. Zur frohen Botschaft gehören folgende Ereignisse:
Jesus Christus ist für unsere Schuld gestorben. So haben es die Schriften schon lange vorausgesagt. Dann ist Jesus begraben worden. Aber nach drei Tagen hat Gott ihn wieder auferweckt.
Dann hat sich Jesus dem Petrus gezeigt und danach den zwölf Jüngern.
Später sehen ihn 500 Menschen auf einmal. Die meisten von ihnen leben noch heute. Während ich diesen Brief schreibe. Einige sind schon gestorben.
Danach zeigt sich Jesus auch Jakobus und allen Aposteln. Zum Schluss zeigt er sich auch mir. Das hat alles verändert. Jesus gibt mir Hoffnung.
Gott hat mir einen Auftrag gegeben: Erzähle von Jesus! Gib den Menschen die Lehre von Gott! Dafür bin ich sehr dankbar.
Ja, ich kann vielleicht mehr arbeiten als alle anderen. Ich kann das nur durch die Kraft von Gott.
Gott handelt durch mich.
Die gute Nachricht bleibt immer gleich.
Ich spreche davon. Und ihr glaubt daran.

Abendmahl

Präfation

Ewiger Gott, wir loben und preisen dich.
Heute, gestern und alle Zeit.
Wir danken dir von Herzen.
Denn du hast Jesus vom Tod auferweckt.
Wir preisen dich. Denn du hast uns den Himmel aufgeschlossen.
Das macht uns froh.

Unser Leben geht über den Tod hinaus. Wir dürfen mit dir leben.
Für immer.
Mit allen Glaubenden im Himmel und
auf der Erde loben wir dich.
Zusammen mit den Engeln singen wir dein Lob:

Heilig, heilig

Abendmahlsgebet I

Gott,
du bist der Anfang von allem Leben.
Du hast uns und die ganze Welt geschaffen.
Danke, dass du uns trägst,
was auch immer passiert.
Du stehst zu uns,
auch wenn wir Fehler machen.
Wenn wir an Ostern denken, spüren wir:
Du bist stärker als böse Menschen.
Du bist mächtiger als der Tod.
Du schenkst uns das ewige Leben.

In Jesus versprichst du uns deine Liebe und Freundschaft.
So wie damals, als er mit seinen Jüngern zum letzten Mal gegessen hat.
Einsetzungsworte

Abendmahlsgebet II

Gott,
schick uns deinen guten Geist.
Sende deinen Geist auf Brot und Wein.
Mache uns neu.
Tröste uns und schenke uns Freude.
Zeig uns, was du von uns willst.
Hilf uns, dass wir einander lieben,
so wie du uns liebst.

Vaterunser

Ostermontag

Jesaja 25,6–9 | *Alle an seinem Tisch*
Lukas 24,13–35 | *Emmaus*

Jesaja 25,6–9

Jesaja hat einen großartigen Traum. Gott zeigt ihm, wie es einmal sein wird. Bei ihm. Bei Gott.

Gott ist Herr von Himmel und Erde. Er macht auf einem Berg ein riesiges Fest-Mahl für alle. Der Berg heißt Zion. Es gibt dann guten Wein und gutes Fett von Tieren. Auf diesem Berg ist Gott den Menschen nahe. Er führt die Menschen wieder zu sich. Alle Trennung ist weg.
Gott setzt dem Tod ein Ende. Mit dem Sterben ist es vorbei. Gott, der Herr, wischt die Tränen von allen Gesichtern ab. Die Verfolgten sind frei. Die Heimatlosen bekommen ein zu Hause. So hat Gott es gesagt.
Dann sagen alle: Seht, das ist Gott. Auf ihn haben wir gehofft. Ihm haben wir vertraut. Nun sind wir fröhlich und dankbar. Gott hat uns Gutes getan.

Lukas 24,13–35

Zwei Jünger von Jesus gehen in ein Dorf. Das Dorf heißt Emmaus. Es ist zwei Stunden zu Fuß von Jerusalem entfernt.
Die Jünger sprechen über Jesus. Sie denken an ihn.
Plötzlich kommt Jesus und geht neben ihnen her. Die Jünger denken: Ist das ein Fremder?
Jesus fragt sie: Worüber sprecht ihr?
Die Jünger sind traurig. Sie bleiben stehen.
Der eine Jünger heißt Kleopas. Er sagt: Kommst du von weit her? Warst du in den letzten Tagen in Jerusalem?
Jesus fragt: Was ist dort passiert?
Die Jünger antworteten: Jesus von Nazareth ist ein Prophet gewesen. Ein mächtiger! Er ist von Gott gekommen. Alle haben ihn

gesehen. Die Hohepriester und die Oberen haben ihn zu Tode verurteilt.
Sie haben ihn kreuzigen lassen. Wir hatten gehofft: Dieser Jesus Christus erlöst Israel. Heute vor drei Tagen ist er getötet worden.
Einige Frauen sind beim Grab gewesen. Sie haben sich erschrocken: Sie haben seinen Leichnam gesucht. Aber das Grab war leer! Dann haben sie einen Engel gesehen. Der Engel sagte: Jesus lebt. Einige von uns sind dann zum Grab gegangen. Und sie haben gesehen: Die Frauen haben das Richtige gesagt.
Jesus sagt: Ihr seid dumm! Die Propheten haben alles vorhergesagt. Christus muss leiden. Christus ist wieder zu Gott gekommen. Jesus erzählt ihnen von Mose und von den Propheten. Er deutet ihnen die Heilige Schrift.
Schließlich kommen Jesus und die Jünger nach Emmaus.
Jesus sagt: Ich gehe weiter. Dabei will er eigentlich dableiben.
Die Jünger bitten ihn: Bleib bei uns. Der Abend kommt. Der Tag ist vorbei.
Jesus bleibt. Er setzt sich mit ihnen an den Tisch.
Jesus nimmt das Brot. Dann bricht er es in zwei Teile. Er dankt dafür. Jesus teilt das Brot und gibt ihnen allen davon.
Plötzlich fühlen die Jünger: Die Augen gehen ihnen auf. Sie erkennen Jesus. Und in diesem Moment verschwindet er.
Sie sprechen miteinander: Das ist Jesus gewesen! Er hat uns die Schrift erklärt. Er ist mit uns gegangen.
Die Jünger stehen vom Tisch auf. Sie gehen nach Jerusalem zurück. Sie kommen zu den anderen Jüngern. Die sagen: Der Herr ist wirklich auferstanden. Er ist tot gewesen, und jetzt lebt er.
Und die beiden aus Emmaus erzählen: Jesus hat mit uns das Brot geteilt. Wir haben ihn erkannt.

Präfationsgebet

Gott, du warst tot. Und nun lebst du wieder!
Du bist da wie ein Freund und Bruder.
Und zugleich weit fort.
Wenn wir das Brot teilen, bist du da.
Wenn wir an dich denken, bist du da.
Wir singen von dir.
Wir beten zu dir.
Du bist heilig, Gott, dir gehört die Welt.
Du bist nahe, Gott, du hörst unsere Stimmen.
Wir danken dir und kommen zusammen.
Vor dir und zu dir.
Amen.

Quasimodogeniti

Jesaja 40,26–31　　　　|　*Flügel wie Adler*
Johannes 20,19–20.24–29　|　*Ungläubiger Thomas*

Jesaja 40,26–31

Schaut in den Himmel! Seht ihr die Sterne? Wer hat sie gemacht? Von all diesen Sternen kennt Gott den Namen. Gott ist mächtig und überall. Er hat die Sterne gezählt. Auf jeden einzelnen Stern passt Gott auf.
Ihr Kinder von Gott: Warum zweifelt ihr? Warum fragt ihr: Bin ich Gott wichtig? Weiß Gott, mir geht es gut! oder: Mir geht es schlecht?!
Wisst ihr es denn nicht? Gott hat die ganze Erde gemacht. Einfach alles! Und trotzdem ist er immer noch wach und kräftig. Gott versteht und weiß vielmehr als wir. Müde Menschen bekommen von ihm Kraft. Kraftlose Menschen macht er stark- Früher oder später sind wir alle müde und kraftlos. Auch junge Menschen. Auch junge Menschen stolpern und stürzen hin. Du hoffst auf Gott? Das ist richtig. Er hilft dir beim Aufstehen. Auf einmal ist es ganz leicht. Es fühlt sich an wie mit Flügeln beim Fliegen. Nun läufst du immer weiter. Du bist wach und kräftig.

Johannes 20,19–20.24–29

Am Freitag war Jesus getötet worden.

Einige Freundinnen und Freunde hatten ihn gleich begraben.
Am Sonntag sieht Maria: Das Grab von Jesus ist leer.
Fast alle Freunde von Jesus sind beieinander.
Sie haben die Tür abgeschlossen. Jesus ist tot.
Jetzt haben die Jünger Angst. Sie sitzen zusammen.
Plötzlich ist Jesus auch da. Er begrüßt die Jünger wie immer.
Jesus sagt: Friede sei mit euch!
Dann zeigt Jesus den Jüngern die Wunden von seiner Kreuzigung. An den Händen. Und an der Seite. Jetzt sind die Freunde

sicher: Ja, es ist Jesus! Sie freuen sich. Sie hatten gedacht: Jesus ist tot.
Noch einmal begrüßt Jesus sie: Friede sei mit euch!

Thomas ist auch einer von den Freunden. Die anderen erzählen ihm: Jesus ist wiedergekommen!
Thomas ist sprachlos. Er hatte gedacht: Jesus ist doch tot.
Dann sagt er zu den anderen: Ich will Jesus auch sehen. Erst dann glaube ich es. Ich will seine Hände und seine Seite berühren. Dann glaube ich es auch.
Acht Tage später sind wieder alle Freunde zusammen. Diesmal ist Thomas auch da. Die Türen sind verschlossen.
Und wieder ist Jesus plötzlich da. Er begrüßt sie alle: Friede sei mit euch!
Und dann sagt Jesus: Thomas, fasse meine Wunden an! Ich bin es wirklich. Du kannst mir glauben.
Thomas staunt. Er sagt: Jesus, du bist mein Herr. Und du bist Gott.
Jesus antwortet: Thomas, du glaubst es jetzt. Weil du mich berührt hast. Andere glauben einfach so. Sie sind selig.

Präfationsgebet

Gott, wir danken dir.
Wir singen für dich!
Wir tanzen vor dir!
Du machst uns lebendig.
Du schenkst uns Flügel.

Du kennst schwere Stunden.
Und du kennst das Lachen nach dem Weinen.
Und das Leben nach dem Tod.
Du deckst den Tisch. Wir sind deine Gäste.
Wein und Brot geben uns von deiner Kraft.
Sie erinnern uns: Du bist unser Gott!
Und du bist heilig!
Amen.

Miserikordias Domini

Johannes 10,11-16 | *Ich bin der gute Hirte*
1. Petrus 5,1-4 | *Guter Hirte*

Johannes 10,11-16

Ich bin der gute Hirte. Der gute Hirte setzt sein Leben ein für die Schafe. Sie gehören zu ihm. Ein Leih-Arbeiter erfüllt seine Aufgabe. Aber wenn es gefährlich wird, flieht er. Wenn der Wolf kommt, verlässt er die Schafe.
Ich bin der gute Hirte. Viele gehören zu mir. Die kenne ich alle. Und sie kennen mich auch. Genauso kennt mich auch mein Vater. Und ich kenne ihn genauso. Ich gebe mein Leben für die Schafe.
Ich habe noch andere Schafe. Sie sind aus einem anderen Stall. Auch für sie muss ich sorgen. Und sie hören meine Stimme. Es kommt der Tag, da gibt es nur noch eine einzige Herde. Und auch nur einen einzigen Hirten.

1. Petrus 5,1-4

Einige von euch leiten eine Gemeinde. Die nennt man Älteste. Und die ermahne ich. Ich bin nämlich auch ein Ältester. Christus hat sehr gelitten. Das habe ich miterlebt. Und es kommt eine neue wunderbare Zeit. Das erlebe ich dann auch mit.
Sorgt euch um die Gemeinde! Weidet die Schafe. Das ist die Herde von Gott. Das ist eure Aufgabe. Das müsst ihr tun. Denn Gott vertraut euch. Kümmert euch freiwillig um die Herde. Sorgt für sie. Folgt eurem Herzen. Seid ein gutes Vorbild für die Herde. Wenn der oberste Hirte wiederkommt, erlebt ihr die neue wunderbare Zeit. Wenn Christus wiederkommt.

Fürbittengebet

Gott, du bist unser Hirte.
Wir bitten dich für Menschen in Verantwortung.
Schenk ihnen Kraft. Gib ihnen eine weite Sicht.

Gott, du bist unser Hirte.
Wir bitten dich für den Zusammenhalt in der Gesellschaft.
Hilf uns beim Mitfühlen.
Gemeinsam sind wir stark.
Und gemeinsam schwach.
Wie Schafe in einer Herde.

Gott, du bist unser Hirte.
Wir bitten dich für die Natur.
Mit den Tieren sind wir in deiner Welt verbunden.
Bewahre die Erde.
Und alle Lebewesen.

Gott, du bist unser Hirte.
Amen.

Jubilate

Genesis 1,1-4a.26-31; 2,1-4a | *Die Schöpfung*
Apostelgeschichte 17,22-28 | *Paulus in Athen*

Genesis 1,1-4a.26-31; 2,1-4a

Am Anfang erschafft Gott den Himmel und die Erde.
Die Erde ist wie eine Wüste: ganz leer. Und das Meer liegt noch im Dunkeln. Der Geist von Gott schwebt darüber.
Gott sagt: Es soll hell werden! Licht! Da wird es Licht. Alles ist hell. Gott sieht sich das Licht an. Gott sagt: Es ist gut.
Dann erschafft er den Mond und die Sterne, die Pflanzen und die Tiere. Am Ende sagt Gott: Ich erschaffe Menschen. Sie sind dann meine Stellvertreter. Sie sind verantwortlich für Fische und Vögel, für Säugetiere und Kriechtiere.
Und Gott erschafft die Menschen als seine Stellvertreter. Als Stellvertreter von Gott erschafft er sie. Männlich und weiblich erschafft er sie. Und Gott segnet sie.
Und er sagt zu den Menschen: Seid fruchtbar und bekommt Kinder. Viele Kinder. Genug für die ganze Erde. Kümmert euch um die Fische, Vögel und alle übrigen Tiere auf der Erde.
Und Gott spricht weiter: Passt auf, ich gebe euch alle Pflanzen und die Früchte von den Pflanzen zum Essen.
Allen Lebewesen gibt Gott die Pflanzen zum Essen. Gott sieht die ganze Schöpfung an. Er ist zufrieden: Die Schöpfung ist wirklich sehr gut.
Es wird Abend und Morgen. Das ist der sechste Tag. Jetzt sind Himmel und Erde geschaffen. Alles im Himmel und auf der Erde.
Am siebten Tag ruhte Gott sich von seiner Arbeit aus. Gott segnet den siebten Tag. Er macht ihn zu einem besonderen Tag.
So sind Himmel und Erde entstanden.

Apostelgeschichte 17,22–28

Paulus predigt auf dem größten Platz in Athen. Das ist die Hauptstadt von Griechenland.

Paulus redet die Leute an: Liebe Athener, ihr seid sehr fromm. Das sehe ich. Ich bin herumgegangen und habe eure Tempel angesehen. Ich habe einen Altar gefunden. Darauf steht: Altar für den unbekannten Gott. Ich kenne diesen Gott. Ich erzähle euch von ihm: Dieser Gott hat die Welt geschaffen und alles in der Welt.
Menschen haben Tempel gebaut. Aber solche Tempel sind ihm fremd. Opfer auch. Er gibt allem den Lebensatem. Am ersten Tag hat Gott die Menschen geschaffen. Die Menschen leben überall auf der Erde. Gott bestimmt, wann und wo Menschen leben. Er liebt sie. Er möchte Gutes für die Menschen.
Gott ist jedem von uns nahe. Durch seine Kraft leben wir. Durch ihn handeln wir. So heißt es doch auch bei euch: Aus Gott und in Gott leben wir.

Tagesgebet

Gott, du hast Himmel und Erde gemacht.
Die ganze Welt singt dein Lied.
Du beschenkst uns mit deinen Gaben:
Wir können sehen, fühlen, handeln.
Gib uns die Fähigkeit,
unsere Gaben zum Wohle aller zu gebrauchen.
Lass uns vom Frieden sprechen,
Liebe schenken, verzeihen üben.
Lass uns singen von dir,
aus dem alles kommt und zu dem alles geht.
Amen.

Kantate

Psalm 98	*Singet für Gott ein neues Lied*
Apostelgeschichte 16,23–34	*Paulus und Silas*
Kolosser 3,12–17	*Die Liebe verbindet*

Psalm 98

Singt für Gott ein neues Lied. Denn er tut Wunder.
Er macht alles heil mit seiner Hand.
Gott schaffet alles mit seinem Arm.
Gott macht sein Heil öffentlich.
Für alle Völker macht er sichtbar: Das ist Gerechtigkeit.
Dem Volk Israel ist er treu. Er bleibt bei ihnen für immer.
Bis an die Enden der Welt ist das Heil von Gott zu sehen.
Lobt den Herrn! Alle!
Singt für ihn. Preist den Glanz von Gott.
Lobt ihn. Lobt ihn mit Harfen.
Mit Harfen und mit Saiteninstrumenten!
Mit Trompeten und Posaunen jubelt vor dem Herrn. Er ist König.
Bewegt euch ihr Meere, über und unter der Wasseroberfläche.
Beweg dich, Erde!
Jubelt, alle auf der Erde!
Seid froh, ihr Flüsse!
Und ihr Berge, seid fröhlich!
Denn er kommt. Er macht alles auf der Erde heil.
Er ist gerecht. Und er sieht, wie es zugeht.
So sieht er die Erde. Und die Menschen auch.

Apostelgeschichte 16,23–34

Die Apostel Paulus und Silas werden hart bestraft. Sie kommen in ein Gefängnis. Der Gefängniswärter muss sie gut bewachen. Er steckt Paulus und Silas in die hinterste Ecke von dem Gefängnis. Ihre Füße fesselt er mit schweren Steinen.

Um Mitternacht beten Paulus und Silas. Sie loben Gott und singen. Und die anderen Gefangenen hören es: Paulus und Silas beten laut.

Plötzlich gibt es ein schweres Erdbeben. Die Mauern des Gefängnisses wackeln. Und alle Gefängnistüren gehen auf. Die Fesseln werden locker und lösen sich.

Da wacht der Wärter aus seinem Schlaf auf. Er sieht die Türen von dem Gefängnis offen stehen. Der Wächter nimmt sein Schwert. Er will sich selbst töten. Denn er glaubt: Die Gefangenen sind geflohen. Und er ist schuld daran. Paulus aber ruft zu dem Gefängniswärter: Hör auf! Wir sind alle hier!

Da lässt der Wärter Licht anmachen. Er geht in die Zelle. Dort fällt er vor Paulus und Silas auf den Boden. Dabei zittert er. Und der Wärter bringt Paulus und Silas aus der Zelle nach draußen. Er sagt: Liebe Herren, bitte rettet mich auch! Was muss ich dafür tun?

Paulus und Silas sagen: Glaube an den Herrn Jesus. So wirst du und so wird deine Familie gerettet!

Und sie sagen ihm die gute Botschaft von Gott. Und der Familie sagen sie es auch.

Und der Wärter holt noch in der Nacht die Gefangenen zu sich. Er säubert ihre Wunden auf dem Rücken. Und der Wärter lässt sich taufen. Alle aus seinem Haus lässt er auch taufen.

Und der Wärter bringt Paulus und Silas zu sich nach Hause. Er deckt für sie den Tisch. Seine Familie und alle in seinem Haus freuen sich. Weil sie nun auch zu Gott gehören.

Kolosser 3,12–17

Gott hat euch ausgewählt. Er hat euch lieb wie Eltern ihre Kinder.
Darum gebt aufeinander acht. Fühlt miteinander. Seid freundlich, seid bescheiden. Verzeiht einander. Habt Geduld.
Vergebt euch, wenn jemand euch Unrecht getan hat. Denn auch Christus hat euch vergeben.
Wichtiger als alles ist die Liebe. Wenn ihr sie habt, habt ihr das Wichtigste. Sie verbindet euch wie ein großes Band.
Der Friede von Jesus Christus bestimmt euer ganzes Leben! Gott will das so. Er hat euch dazu gerufen. So lebt ihr in Frieden miteinander. Ihr gehört ja alle zu dem einen Leib von Christus.
Dankt Gott dafür!
Gebt der Botschaft von Christus weiten Raum bei euch. Sie ist so reich und kostbar. Sie soll bei euch Platz haben. Erzählt euch gegenseitig von Jesus. Macht euch Mut mit Psalmen und Lob-Liedern! Lasst Geist-Lieder klingen. Singt in euren Herzen dankbar für Gott!
Euer Denken, Reden und Tun – einfach alles! – soll zeigen: Jesus ist euer Herr. Dankt auf diese Weise Gott. Er ist der Vater.

Tagesgebet

Gott,
wir singen für dich. Wir jubeln dir zu.
Deine Stimme belebt uns. Dein Geist macht uns fröhlich.
Deine Liebe macht uns beschwingt.
Darüber jubeln wir. Davon erzählen wir. Davon singen wir.
Wie schön ist deine Schöpfung.
Wie herrlich ist deine Freiheit.
Wie gut tut dein Wort.
Amen.

Christi Himmelfahrt

Lukas 24,(44–49) 50–53 | *Segen und Himmel-Fahrt*
Apostelgeschichte 1,3–4.8–11 | *Himmel-Fahrt und Heiliger Geist*

Lukas 24,50–53

Jesus nimmt seine Jünger mit in das Dorf Bethanien.
Das ist in der Nähe von Jerusalem.
Jesus hebt die Hände zum Segen. Er segnet die Jünger. Dann verschwindet Jesus in den Himmel.
Die Jünger sehen das mit ihren eigenen Augen. Sie werfen sich auf die Erde. Die Jünger beten Jesus an und loben ihn. Dann gehen sie nach Jerusalem zurück.
Sie sind außer sich vor Freude. Sie sind völlig begeistert.
Ständig sind sie im Tempel und loben Gott.

Apostelgeschichte 1,3–4.8–11

Nach seinem Tod zeigt sich Jesus immer wieder den Freunden.
Sie erkennen: Jesus ist wieder lebendig geworden.
40 Tage lang trifft Jesus die Freunde immer wieder.
Er spricht mit ihnen über die neue Welt von Gott.
Eines Tages sind die Jünger wieder beieinander.
Sie essen gemeinsam. Da kommt Jesus wieder zu ihnen.
Er befiehlt den Jüngern: Bleibt in Jerusalem!
Wartet! Ich habe viel versprochen. Bald ist es so weit.
Er sagt: Johannes (der Täufer) hat mit Wasser getauft.
Euch tauft dann der Heilige Geist. Ganz bald.
Der Heilige Geist kommt zu euch herab.
Und dann bekommt ihr die Kraft vom Heiligen Geist.
Ich gebe euch Aufträge. Und die tragt ihr dann weiter –
in Jerusalem und überall auf der ganzen Welt.
Überall. Sogar in weit entfernten Ländern. Ganz weit weg.

Eingangsgebet

Himmlischer Vater,
wir leben auf der Erde.
Du hast sie wunderbar geschaffen.
Wir gehören zu dieser Erde.
Du liebst uns.
Öffne uns für dein Wort.
Öffne uns füreinander.
Sei bei uns in diesem Gottesdienst,
Gib uns deine Hoffnung vom Himmel.

Liedruf: Dass Erde und Himmel dir blühen (freiTöne 197)

Fürbitten

Gott des Himmels und der Erde,
du bist bei uns, wo immer wir sind.
Durch Worte und Lieder hast du zu uns geredet.
Nun rufen wir zu dir,
für andere Menschen, für deine Welt.
Kyrie

Menschen werden hart, wenn sie miteinander streiten.
Lass sie wieder zueinander finden.
Menschen fragen und suchen nach dir,
öffne ihnen Räume, dir zu begegnen.
Kyrie

Menschen fehlt es an Arbeit und Brot,
gib ihnen Nahrung für Seele und Leib.
Menschen sind oft einsam,
gib ihnen neuen Mut für den nächsten Schritt.
Kyrie

Halte deine Augen über uns offen, großer Gott,
und bewahre deine Kirche in der ganzen Welt
im Glauben an Jesus Christus.
Lass uns bei dir bleiben jetzt und in Ewigkeit (immer).

Vaterunser

Rogate

Exodus 32,7–14 | *Das goldene Kalb*
Matthäus 6,7–13 | *Vater unser*

Exodus 32,7–14

Gott hatte Mose die Tafeln mit den Zehn Geboten gegeben. Das sind die wichtigsten Gesetze. Trotzdem hat das Volk Israel sich eine Statue gebaut. Die beten sie an wie einen Gott. Jetzt redet Gott mit Mose auf einem Berg.

Gott sagt zu Mose: Geh hinunter vom Berg. Du hast das Volk aus Ägypten befreit. Nun hat es Schlechtes getan. Ich hab ihnen Aufträge gegeben. Sie tun andere Dinge. Sie haben ihren Schmuck eingeschmolzen. Daraus haben sie ein goldenes Kalb gegossen. Das Kalb beten sie an wie einen Gott. Sie haben ihm geopfert. Sie haben untereinander gesagt: Das ist unser Gott. Er hat uns aus Ägypten geführt.

Gott sagt zu Mose: Es ist ein bockiges Volk. Nun geh weg von mir, Mose. Ich bin wütend. Ich bin zornig. Ich werde sie vernichten. Aber du sollst leben. Und deine Familie soll auch weiterleben. Ihr sollt viele sein.

Mose bittet Gott. Er fleht ihn an: Willst du sie alle vernichten? Du hast sie doch gerade erst gerettet. Aus Ägypten hast du sie befreit. Sollen die Ägypter sagen: Gott hat sie herausgeführt. Nun sind sie unglücklich geworden. Gott hat sie im Gebirge umgebracht. Nun hat Gott sie getötet?

Mose bittet Gott: Hör auf mit deinem Zorn. Vergib ihnen. Verschone sie. Sie gehören zu dir. Du hast ihnen versprochen: Bald seid ihr ein großes Volk! Bald habt ihr viele Söhne und Töchter. So viele Menschen wie es Sterne am Himmel gibt. Ihr bekommt ein ganzes Land für euch. Ich gebe es euren Nachkommen. Für immer.

Mose hat gesprochen. Gott hat ihm zugehört. Deshalb verschont Gott das Volk.

Matthäus 6,7–13

Jesus sagt:
Macht beim Beten nur wenige Worte.
Manchen Menschen ist Gott fremd.
Sie beten mit vielen Worten. Sie plappern. Betet anders als diese Leute. Gott ist euer Vater. Er kennt euch. Ihr braucht manches. Das gibt er euch.
Und so sollt ihr beten:
Unser Vater! Du bist im Himmel.
Dein Name soll heilig sein.
Dein Reich soll kommen.
Im Himmel. Und auf der Erde.
Gib uns genug Brot für jeden Tag.
Verzeih uns unsere Schuld. Andere haben uns Böses getan.
Wir wollen auch verzeihen.
Halt uns fest in deiner Nähe.
Halt uns fern von dem Bösen.
Du allein bist mächtig.
Du allein bewegst.
Du allein bist wunderbar.
Für immer.
Amen.

Tagesgebet:

Gott,
zu dir dürfen wir beten.
Du hörst uns.
Du hörst Schweigen, Singen, Reden.
Zeig uns, wie das geht: zu dir beten.
Lass uns stammeln. Lass uns tanzen.
Unser Gebet findet seinen Weg.
Zu dir.
Amen.

Exaudi

Jeremia 31,31–34 | *Neuer Bund*
Johannes 16,5–15 | *Der Geist kommt*

Jeremia 31,31–34

Gott spricht: Alle Menschen gehören zu mir. Ich will mit ihnen zusammen sein. Für immer. Das sollen sie wissen. Jeden Tag! Immer!
Deswegen mache ich einen Vertrag mit ihnen. Ich schließe mit ihnen einen Bund. Ein neuer Bund soll es sein. Anders als der alte. Den haben die Menschen gebrochen. Obwohl ich doch Gott für sie bin.
Aber dieser neue Bund ist wichtig für die Menschen. Sie sollen den Bund einhalten. Jeden Tag und jede Stunde. Bei jedem Gedanken und jeder Arbeit.
So ist der neue Bund: Alle Menschen kennen mich. Alle! Große und Kleine! Wer etwas falsch macht, dem vergebe ich. Manches trennt mich und die Menschen. Aber das vergesse ich ab jetzt.

Johannes 16,5–15

Jesus spricht zu seinen Freunden: Ich gehe zurück zu Gott. Aber ihr seid still.
Ich habe mit euch gesprochen. Ich habe euch die Wahrheit gesagt. Deswegen seid ihr nun traurig.
Ich bin ehrlich zu euch: Es ist besser so. Ich muss weggehen. Erst dann kommt jemand anderes zu euch. Der tröstet euch dann. Ich gehe fort. Und ich schicke ihn zu euch.
Bald kommt dieser andere. Er spricht dann klare Worte. Alle verstehen ihn. Was falsch ist, was gerecht ist und was bestraft wird: Alles das verstehen sie dann.
Ich gehe zu meinem Vater. Das ist auch richtig so.
Der Mächtige in dieser Welt ist am Ende. Auch das werden die anderen verstehen.
Ich habe euch noch viel mehr zu sagen. Aber das ist jetzt zu viel für euch.

Bald kommt der Geist. Der Geist von Gott. Der Geist ist die reine Wahrheit. Er kommt direkt von Gott. Ihr merkt es dann. Denn er spricht dann auch zu euch.

Er erzählt von mir. Das ist etwas sehr Besonderes. Er hört sich an wie ich. Und er hört sich an wie Gott. Deshalb habe ich das so beschrieben: Der Geist hört sich an wie ich.

Fürbitten

Gott,
du unendliche Geduld!
Du willst einen neuen Bund schließen.
Mit uns! Lohn sich das?
Hilf uns, dich nicht zu enttäuschen.

Gott,
du unendlicher Mut!
Du wagst den Neuanfang.
Mit uns! Trotz allem.
Gib uns von deinem Mut!
Dann können wir neu anfangen.

Gott,
du unendliches Vertrauen!
Du bleibst bei uns.
Lass unser Vertrauen wachsen.
Das Vertrauen in dich. In deine Begleitung und Nähe.

Gott,
du unendliche Vergebung!
Hör nie auf! Bitte! Sei da! Immer.
Wenn wir dich enttäuschen. Vergib uns!
Wir schaffen es nur mit dir!
Amen.

Pfingstsonntag

Johannes 14,15-19.23-27 | *Tröster*
Apostelgeschichte 2,1-18 | *Pfingst-Wunder*

Johannes 14,15-19.23-27

Jesus weiß: Er muss sterben. Er tröstet seine Jünger und sagt:

Ihr habt mich lieb. Also haltet ihr meine Worte. Ich bitte den Vater um einen, der euch hilft. Immer. Er soll euch trösten. Geist der Wahrheit heißt er. Oder Tröster.
Die Menschen in der Welt kennen ihn nicht. Aber ihr kennt ihn. Er bleibt bei euch. Er wird in euch sein. Ihr seid meine Kinder. Wie ein Vater oder eine Mutter komme ich wieder zu euch. Es ist noch eine kurze Zeit, dann bin ich weg. Ihr aber seht mich, denn ich lebe. Und ihr sollt auch leben.
Manche Menschen hören auf mich. Mein Vater liebt diese Menschen. Wir kommen bald zu meinem Vater. Dann sind wir bei ihm.
Manchen Menschen bin ich egal. Denen sind auch meine Worte egal. Aber meine Worte kommen vom Vater. Ich hat mich geschickt. Das sage ich euch jetzt. Denn jetzt bin ich noch bei euch.
Ich gehe von euch. Aber der Vater sendet den Heiligen Geist. Der kommt dann von mir. Der handelt für mich. Er steht euch bei und tröstet euch. Er lehrt euch. Ich habe viel gesprochen. Das alles weiß er und erinnert euch daran. Ich lasse euch Frieden. Ich gebe euch Frieden. Meinen Frieden. Denn nur ich kann euch diesen Frieden geben. Seid zuversichtlich und freut euch!

Apostelgeschichte 2,1–18

Das Pfingstfest wird gefeiert. Alle sind an einem Ort beieinander. Plötzlich kommt ein Brausen vom Himmel her. Es ist wie ein gewaltiger Wind. Wie ein Sturm. Das ganze Haus wird davon erfüllt. Zungen erscheinen wie von Feuer. Auf jeden von ihnen kommt eine Zunge herab. Alle sind erfüllt vom Heiligen Geist. Alle reden in verschiedenen Sprachen. So wie es ihnen der Geist eingab.

In Jerusalem sind viele fromme Menschen aus allen möglichen Völkern. Vor Schreck vor dem Brausen kommen alle zusammen. Denn jeder kann jeden in der eigenen Sprache reden hören. Alle sind völlig verwundert und sagen: Wo kommen denn die Menschen alle her? Aus Galiläa? Wieso hören wir sie in der Muttersprache von uns?

Es sind Menschen aus vielen verschiedenen Ländern dort: aus Persien und aus Kleinasien, aus Ägypten und Rom und aus vielen anderen Orten der Welt. Es sind Juden dabei. Andere sind gerade erst zum Judentum übergetreten. Außerdem Menschen aus Kreta und Arabien.

Die Apostel reden von den großen Taten von Gott. Jeder hört sie in der eigenen Sprache.

Alle sind erschrocken und entsetzt. Manche sind ratlos und sagen: Was soll das bedeuten? Wieder andere spotten und sagen: Sie sind vom süßen Wein betrunken.

Da kommt Petrus mit den anderen elf Aposteln. Er sagt zu den Menschen: Ihr Juden und alle Bewohner von Jerusalem! Das will ich euch sagen: Achtet auf meine Worte! Diese Männer sind völlig nüchtern. Es ist doch erst Vormittag.

Heute passiert etwas Besonderes. Schon der Prophet Joel hat es vorausgesagt, und zwar so: In den letzten Tagen geschieht es. Gott kündigt an: Ich will meinen Geist ausgießen. Dann sind eure Söhne und Töchter Propheten und Prophetinnen. Sie erkennen meinen Willen. Die jungen Männer haben Visionen. Und die Alten haben Träume. Viele dienen mir. Auf die gieße ich meinen Geist aus. Und dann sind sie meine Propheten.

Tagesgebet

Gott,
unser Vater.
Wir haben 50 Tage lang gefeiert:
Du hast deinen Sohn vom Tod befreit.
Gibt uns die richtigen Worte! Alle sollen von dir hören!
Darum bitten wir dich. Heute und immer.
Amen.

Pfingstmontag

Matthäus 16,13-19	*Bekenntnis von Petrus*
Johannes 20,19-23	*Friede sei mit euch*
Apostelgeschichte 2,36-42.47	*Petrus predigt*

Matthäus 16,13-19

Jesus geht in die Gegend von Cäsarea Philippi.
Das liegt im Norden von Israel, hoch im Gebirge.
Dort stellt Jesus den Freunden eine Frage:
Für wen halten die Leute mich?
Die Freude antworten: Einige denken: Du bist Johannes der Täufer. Andere meinen: Du bist der Prophet Elia. Wieder andere glauben: Du bist Jeremia oder ein anderer Prophet.
Jesus fragt die Jünger: Für wen haltet ihr mich?
Simon Petrus antwortet: Du bist der Gesalbte, der Christus. Du bist der Sohn vom lebendigen Gott!
Darauf antwortet Jesus: Gott ist mit dir, Simon, Sohn von Jonas. Du weißt mehr, als ein Mensch wissen kann. Mein Vater im Himmel hat dir dieses Wissen geschenkt.
Und ich sage dir weiter: Du bist Petrus. Das heißt Fels. Auf diesen Fels baue ich meine Gemeinde.
Sie ist stärker als die Macht des Todes. Dir gebe ich die Schlüssel zur himmlischen Welt. Du kannst Menschen diese Tür öffnen und zuschließen. Du lehrst andere Menschen. Du leitest sie. Du sprichst, und das hat Bestand. Auf der Erde und im Himmel.

Johannes 20,19–23

Der tote Körper von Jesus ist weg. Das Grab ist leer.

Am Abend treffen sich die Freunde von Jesus. Sie haben Angst.
Sie haben die Türen zugeschlossen. Sie fürchten sich.
Da kommt Jesus zu ihnen. Er tritt in ihre Mitte und sagt: Ich wünsche euch Frieden!
Dann zeigt er ihnen seine Hände und seine Seite.
Sie freuen sich: Er ist da!
Jesus sagt noch etwas zu ihnen: Ich wünsche euch Frieden. Gott hat mich geschickt. Jetzt schicke ich euch.
Dann pustet er sie an und spricht: Nehmt den Geist von Gott. Das ist seine Kraft. Menschen kommen zu euch mit Schuld. Das macht ihr Herz schwer. Aber Gott gibt euch Kraft: Ihr könnt den anderen Menschen vergeben. Dann ist die Schuld weg.

Apostelgeschichte 2,36–42.47

Petrus spricht zu ganz Israel:

Jesus ist wie ein Verbrecher am Kreuz gestorben.
Doch nun hat Gott ihn zum Herrn erhoben.
Er hat ihn zu seinem Bevollmächtigten gemacht.
Das geht den Leuten unter die Haut.
Sie fragen Petrus und die anderen:
Ihr habt Jesus gekannt. Was sollen wir jetzt bloß tun?
Petrus antwortet ihnen: Kehrt um! Lasst euch auf den Namen von Jesus taufen. Dann sind euch eure Sünden vergeben. Dann seid ihr mit dem Heiligen Geist beschenkt. Dies verspricht Gott euch. Er verspricht es auch euren Kindern. Und vielen anderen. Die lassen sich auch rufen von Gott.
Petrus erzählt ihnen noch mehr von Gott. Und er rief ihnen zu: Gott nimmt euch an!
Daraufhin glauben viele an Jesus. Sie lassen sich taufen.
An diesem Tag kommen 3000 Menschen zur Gemeinde hinzu.
Und sie bewahren die Lehre der Apostel und leben danach.
Und sie achten auf ihre Gemeinschaft. Sie brechen miteinander das Brot und beten gemeinsam.
Und sie loben Gott. Sie sind bei allen Leuten beliebt.
Gott sorgt dafür: Jeden Tag finden Menschen den Weg zur Gemeinde. Auch sie werden gerettet.

Vorspruch Kyrie

Lebendiger Gott,
wir feiern Pfingsten,
doch dein Geist bleibt uns oft fremd.
Wir würden deinem Geist gern trauen.
Wir würden gern umkehren. Aber wir scheitern.
Wir bitten dich, lebendiger Gott:
Sieh unsere Angst, unsere Schwäche und unsere Schuld,
sieh uns an und erbarme dich unser!
Kyrie – Christe – Kyrie

Tagesgebet

Gott,
durch deinen Geist machst du uns lebendig.
Seit unserer Taufe sind wir mit deinem Geist begabt.
Lass uns spüren: Du erfüllst uns mit großer Kraft.
Lass uns feiern: Dein Geist lebt und wirkt in uns!
Amen.

Trinitatis

Jesaja 6,1–8 | *Berufung von Jesaja*
Johannes 3,1–8 | *Nikodemus bei Jesus*

Jesaja 6,1–8

Der Prophet Jesaja berichtet:

Der König Usia in Jerusalem ist gestorben. In dem Jahr habe ich Gott gesehen. Und zwar so: Gott sitzt auf einem sehr hohen Thron. Der Rand von seinem Kleid füllt den ganzen Tempel. Engel fliegen über ihm. Engel mit sechs Flügeln. Zwei Flügel decken das Gesicht von den Engeln zu. Zwei Flügel decken die Füße zu. Und mit zwei Flügeln fliegen die Engel.
Ein Engel ruft einem anderen Engel zu: Gott ist Herr über alle. Gott herrscht. Gott ist heilig, er ist heilig, er ist heilig. Die Ehre von Gott ist überall auf der Welt.
Die Engel rufen sehr laut. Die Schwellen von den Türen im Tempel zittern. Das ganze Haus ist voll mit Rauch.
Da sagt der Prophet Jesaja: Das ist zu viel. Das bringt mich um. Ich lüge. Ich sage Falsches vor Gott. Das Volk lügt vor Gott. Ich gehöre zu diesem Volk. Nun habe ich den Gott gesehen. Gott ist König über alle. Das habe ich mit eigenen Augen gesehen.
Da fliegt ein Engel zu mir. Der Engel trägt ein Stück heiße Kohle. Die Kohle hat er mit einer Zange vom Altar genommen.
Der Engel berührt meinen Mund.
Der Engel sagt: Siehst du? Ich berühre deine Lippen. Deine Schuld ist jetzt weg. Deine Sünde ist jetzt weg.
Und Jesaja hört die Stimme von Gott.
Gott sagt: Wen soll ich losschicken? Wer will Bote für uns sein?
Jesaja antwortet: Ich bin da. Schick mich.

Johannes 3,1-8

Nikodemus ist einer von den angesehenen Leuten in Jerusalem.

Nikodemus besucht Jesus in der Nacht.
Er spricht zu ihm: Meister, wir wissen, du bist ein Lehrer. Gott hat dich gesandt. Wir sehen: Du tust große Zeichen. Du hast Gott an der Seite hat. Nur so geht es.
Jesus antwortet ihm und spricht: Es ist wahr, was ich dir jetzt sage: Willst du zu Gott gehören? Dann musst du noch einmal neu geboren werden. Nikodemus sagt zu Jesus: Wie kann ein Mensch noch mal neu geboren werden? Er ist doch schon alt. Kann er wieder in den Bauch seiner Mutter zurück und noch einmal von dort geboren werden?
Jesus antwortet: Es ist sicher wahr, was ich dir jetzt sage: Willst du zu Gott kommen? Dann musst du durch Wasser und Geist noch einmal neu geboren werden. Aus Fleisch wird Fleisch geboren. Das heißt: Menschen bringen neue Menschen zur Welt. Aus Geist wird Geist geboren. Gott macht aus alten Menschen neue Menschen. Glaub mir: Ihr müsst noch mal neu geboren werden.
Der Wind weht, wo er will. Du hörst sein Sausen. Aber weißt du, woher der Wind kommt und wohin er geht!? So ist es für die, die aus dem Geist geboren werden. Gott macht das.

Abendmahlsgebet

Gott, du bist heilig.
Du lässt wachsen Korn auf dem Feld.
Du lässt werden Brot zum Leben. Du gibst uns Nahrung.
Du erhältst unser Leben.
Unser Leben wächst in deiner Nähe.

Gott, du bist heilig. Deine Liebe bewegt unsere Herzen.
In deiner Nähe wird Angst klein. Und Mut wird groß.
Du vergibst unsere Schuld. Du liebst uns so, wie wir sind.

Gott, heilig bist du. Du bringst uns zusammen.
Du machst, dass wir uns die Hand geben. Dass wir gemeinsam gehen.
Dass wir auf den anderen achten. Dass wir beieinanderbleiben.
Dass wir in deiner Nähe bleiben.

Gott, du bist heilig, heilig, heilig bist du.
Komm zu uns.
Stärke uns mit dem Mahl an deinem Tisch.
Amen.

1. Sonntag nach Trinitatis

Lukas 16,19-31 | *Reicher Mann und armer Lazarus*
1. Johannes 4,16-21 | *Gott ist die Liebe*

Lukas 16,19-31

Jesus erzählt seinen Jüngern eine Geschichte:

Ein Mann ist sehr reich. Der Mann hat wunderbare Kleider, sogar aus kostbarem Purpur und feinen Leinen. Der Mann feiert jeden Tag ein Fest.
Vor seinem Haus liegt ein armer Mann. Der heißt Lazarus. Lazarus ist krank. Der Körper von Lazarus ist mit Geschwüren bedeckt. Er ist hungrig. Der reiche Mann hat viel Essen. Das wünscht sich Lazarus. Die Hunde vom reichen Mann bekommen das Essen. Die Hunde lecken an den Wunden von Lazarus.
Lazarus stirbt. Engel tragen ihn in den Himmel. Dort bekommt er einen Platz neben Abraham. (Abraham ist nahe bei Gott.) Auch der reiche Mann stirbt. Er wird in der Erde begraben. Er kommt in das Toten-Reich. Er hat Schmerzen.
Der reiche Mann schaut hinauf zum Himmel. Dort sieht er in weiter Ferne Abraham und Lazarus nebeneinander.
Der reiche Mann ruft: Vater Abraham! Hab Erbarmen mit mir. Schick Lazarus zu mir. Lazarus soll seine Finger ins Wasser tauchen und damit meine Zunge kühlen. Ich leide furchtbar in der Hitze. Das Feuer ist so heiß!
Abraham antwortet: Mein Sohn, denke daran. Früher hast du viel Gutes bekommen. Lazarus dagegen hat nur Schlechtes erlebt. Jetzt geht es ihm gut. Und du musst leiden.
Der reiche Mann sagt: Bitte Abraham! Dann schick Lazarus doch bitte zur Familie von meinem Vater! Ich habe nämlich noch fünf Brüder. Lazarus soll meinen Brüdern sagen: Bei den Toten ist es schrecklich! Ich habe Schmerzen. Ich leide Qualen!
Abraham antwortet: Deine Familie kennt die Bibel und Mose und die Propheten. Da steht, was Gott von ihnen will. Deine Familie muss das wissen.

Der reiche Mann antwortet: Nein, Vater Abraham! Jemand muss von den Toten zurück auf die Erde kommen. Nur dann ändert meine Familie ihr Leben. Nur dann kehrt sie um!
Darauf sagt Abraham: Es bleibt dabei. Hört auf Mose und die Propheten. Folgt Gott! Dann geht es euch gut.

1. Johannes 4,16–21

Gott ist Liebe. Wer in der Liebe bleibt, der bleibt bei Gott. Gott ist bei ihm. Wahre Liebe ist frei. Angst und Liebe sind sich fremd. Die vollkommene Liebe vertreibt die Angst. Denn Angst rechnet mit Strafe. Wer Angst hat, dem fehlt es noch an Liebe. Lasst uns lieben, denn Jesus hat uns zuerst geliebt. Wenn jemand sagt: Ich liebe Gott. Aber er hasst andere Christen. Dann lügt er. Wer Gott liebt, liebt auch andere Christen. Wie einen Bruder und eine Schwester.

Vorbereitungsgebet

Lebendiger Gott,
als Christinnen und Christen setzen wir uns ein.
Wir möchten von dir reden und mit dir leben.
Wir möchten anderen davon erzählen, was du tust.
Wir wollen ihnen sagen, dass du uns liebst.
Doch oft bekommen wir Angst.
Dann scheuen wir die klaren Worte.
Verzeihe uns.

Gott, unser Vater,
du hattest mutige Propheten. Mose und Elia zum Beispiel.
Gib uns etwas von ihrem Mut.
Jesus Christus, unser Bruder, schenke uns deine Liebe zu den Menschen.
Heiliger Geist, gib uns die Kraft, Grenzen zu überwinden.
Hilf uns dazu in diesem Gottesdienst.

Fürbittengebet

Dreieiniger Gott, Vater, Sohn und Heiliger Geist,
Wir bitten dich für alle Menschen, die traurig sind.
Lass sie spüren: Du bist bei ihnen.

Wir bitten dich für alle Menschen, die sich nach Leben sehnen.
Lass sie zur Ruhe kommen
Schenke ihnen Genuss im guten Maß.

Wir bitten dich für alle Menschen, die Hunger haben:
Hör ihr Schreien und sieh ihre Not.
Hilf uns, dass wir sie kräftig unterstützen.
Amen.

2. Sonntag nach Trinitatis

Matthäus 11,25–30	*Die Last ist leicht*
Lukas 14,(15) 16–24	*Großes Abendmahl*
Epheser 2,17–22	*Gäste und Fremdlinge*

Matthäus 11,25–30

Jesus redet noch einmal.
Er sagt: Ich lobe dich, Vater, Herr über Himmel und Erde.
Ich lobe dich. Du hast dich gezeigt.
Jeder kann dich sehen – auch wer wenig versteht.
Gerade solchen Menschen zeigst du dich gern.
Vater, ja, so willst du es. Alles habe ich von meinem Vater.
Nur der Vater kennt den Sohn. Der Sohn ist der Einzige.
Nur der Sohn kennt den Vater. Und wem es der Sohn sagen will.
Kommt alle zu mir. Alle: die Müden. Die schwer zu tragen haben. Ich will euch erfrischen.
Nehmt und tragt meine Last auf eurem Rücken. Dann lernt ihr von mir. Denn ich bin sanft und ruhig. So findet auch ihr für euch Ruhe.
Denn meine Last ist sanft. Sie ist leicht.

Lukas 14,16–24

Jesus erzählt eine Geschichte:
Ein Mann feiert ein großes Abendmahl. Er lädt viele Menschen dazu ein. Alles ist vorbereitet. Der Mann schickt seinen Diener los. Der Diener sagt zu allen Eingeladenen: Kommt. Alles ist vorbereitet.
Die Eingeladenen entschuldigten sich. Einer nach dem anderen.
Der Erste sagt: Ich habe einen Acker gekauft. Dort muss ich hingehen. Ich muss sehen, ob alles in Ordnung ist. Bitte entschuldige mich bei deinem Herrn.
Der zweite Eingeladene sagt: Ich habe viele Ochsen gekauft. Ich muss sie jetzt angucken. Bitte entschuldige mich bei deinem Herrn.

Der dritte Eingeladene sagt: Ich habe eine Frau genommen. Deshalb bleibe ich hier.
Der Diener kommt zurück zu seinem Herrn. Er erzählt ihm, was die Menschen gesagt haben.
Da wird der Haus-Herr zornig.
Er sagt zu seinem Knecht: Geh schnell hinaus in die Stadt. Geh durch die Straßen und Gassen. Dort gibt es arme und verkrüppelte und blinde und lahme Menschen. Lade alle diese Menschen ein.
Der Knecht kommt zurück. Er sagt: Herr, du hast es befohlen. Ich habe es so gemacht. Es können aber noch mehr Leute zum Fest kommen. Es ist genug zum Essen da.
Da sagt der Herr zu dem Knecht: Geh hinaus auf die Landstraßen. Lade die Menschen von der Straße ein. Dann ist das Haus voll. Dann schmeckt allen Menschen auf meinem Fest mein Abendmahl.
Und die anderen bleiben hungrig.

Epheser 2,17–22

Paulus schreibt an die Gemeinde in der griechischen Stadt Ephesus:

Jesus Christus ist gekommen. Er hat euch die gute Botschaft von Gottes Frieden gebracht.
Ihr seid Christus fern gewesen. Andere sind Gott nahegekommen. Nun sind alle bei Gott. Nahe und ferne Menschen.
Dazu hilft der Geist von Gott. Früher seid ihr wie Gäste und Fremdlinge bei Gott gewesen. Nun gehört ihr dazu.
Ich sage das so: Ihr wohnt bei Gott. Ihr seid Mitbürgerinnen und Mitbürger von Gott. Ihr seid sogar Mitbewohnerinnen und Mitbewohner von Gott. Ihr seid richtig dabei.
Das Leben mit Gott ist wie das Leben in einem Haus. Dieses Haus ist gebaut auf einem Boden. Den Boden haben die Apostel gelegt. Sie haben Jesus persönlich gekannt.
Jesus Christus selber ist der Eckstein von dem Haus. Das Haus steht fest durch ihn.
Auf dem Grund beruht der ganze Bau. Er fügt sich zusammen zu einem heiligen Tempel von Gott. Zu diesem Tempel gehört ihr nun dazu. Wie eine Wohnung in einem großen Haus.

Fürbittengebet

Gott, für Fremde in unserm Land bitte ich dich.
Für das Zusammenleben von Menschen,
die von weit her kommen.
Sie sehen anders aus als die meisten hier in der Gemeinde.
Sie sollen sich wohlfühlen können. Willkommen.
Und miteinander leben in deiner Welt.
Wir bitten dich, erhöre uns.

Gott, für Menschen mit auffälligen Begabungen bitte ich dich.
Für das Zusammenleben von Menschen, die verschieden sind.
Menschen können Verschiedenes.
Sie sollen einander begegnen können.
Mit offenen Augen und Ohren. Einander sehen.
Und miteinander leben in deiner Welt.
Wir bitten dich, erhöre uns.

Gott, für Familien bitte ich dich.
Für das Zusammenleben von jungen und alten Menschen.
Die die Welt verschieden sehen. Sie sollen Geduld füreinander haben. Geschichten zu Ende anhören. Sich gegenseitig ihre Welten zeigen.
Und miteinander leben in deiner Welt.
Wir bitten dich, erhöre uns.
Amen.

3. Sonntag nach Trinitatis

Psalm 103,1-5.8-13 | *Lobe den Herrn, meine Seele*
Lukas 15,1-3.11-32 | *Verlorener Sohn*

Psalm 103,1-5.8-13

Das ist ein Lied von König David:
Lobe Gott, meine Seele!
Alles in mir, lobe Gott!
Und erinnere dich:
So viel Gutes hat er für dich getan!
Du lebst anders, als Gott es will. Aber er vergibt dir!
Du bist krank. Aber Gott heilt dich!
Dein Leben ist sinnlos. Aber Gott rettet dich!
Gott vergibt dir.
Er kümmert sich um dich.
Er schmückt dich wie einen König.
Und du lachst.
Du hast Kraft wie ein junger Adler.
Gott kümmert sich um Menschen.
Er vergibt ihnen.
Gott hat viel Geduld.
Gott liebt die Menschen sehr.
Gott ist nie lange wütend.
Wir haben falsch gelebt. Er vergibt uns!
Die Liebe von Gott ist unendlich.
Der Himmel über der Erde ist groß.
Genauso groß ist die Liebe von Gott.
Er liebt alle Menschen.
Zwischen Morgen und Abend ist eine lange Zeit.
Was wir am Morgen falsch machen,
am Abend hat Gott es schon lange vergeben.
Eltern kümmern sich um ihre Kinder.
Genauso kümmert sich Gott um alle Menschen.

Lukas 15,1–3.11–32

Viele Zöllner kommen zu Jesus. Zöllner arbeiten an der Grenze zwischen zwei Ländern. Menschen wollen von einem Land in ein anderes Land. Dann müssen diese Menschen den Zöllnern Geld dafür geben. Das ist gegen das Gesetz. Andere Menschen nehmen das Gesetz sehr ernst. Diese Menschen sind empört.

Schrift-Gelehrte und Pharisäer – das sind Menschen, die Gesetze von Gott sehr ernst nehmen – sagen zu Jesus: Jesus soll nur mit uns sprechen. Die anderen sind schlechte Menschen! Jesus sitzt mit ihnen am Ess-Tisch! Das ist falsch!
Diesen Menschen erzählt Jesus eine Geschichte:
Ein Mensch hat zwei Söhne. Der jüngere Sohn sagt zum Vater: Gib mir schon jetzt meinen Teil vom Erbe. Und der Vater teilt alles zwischen seinen Söhnen auf.
Kurz danach packt der jüngere Sohn seine Sachen zusammen. Der Sohn reist in ein fernes Land. Dort feiert er. Er gibt alles Geld aus.
Zur gleichen Zeit bricht eine große Not im Land aus. Alle Menschen haben Hunger. Der jüngere Sohn ist jetzt arm. Auch er hat Hunger. Deswegen sucht er sich Arbeit: Er hütet Schweine auf dem Acker. Er will sogar das Futter von den Schweinen essen. So hungrig ist er. Aber das bekommen nur die Schweine.
Der jüngere Sohn denkt nach. Er denkt an zu Hause:
Mein Vater hat ganz viele Mitarbeiter. Sie bekommen nur wenig Geld. Aber die Mitarbeiter haben immer genug zu essen. Ich aber sterbe fast vor Hunger. Ich gehe jetzt zu meinem Vater. Und ich sage ihm: Ich habe dir und Gott Unrecht getan. Alles Geld habe ich verschwendet! Es tut mir leid! Ich habe alles falsch gemacht. Ich bin jetzt nur noch wie ein Arbeiter für dich. Lass mich arbeiten wie die anderen.
Und so kommt der jüngere Sohn nach Hause. Der Vater sieht ihn schon von weitem. Der Vater sieht: Dem Sohn geht es schlecht. Da ist der Vater traurig. Der Vater läuft dem Sohn entgegen. Der Vater umarmt den Sohn und küsst ihn.
Da sagt der Sohn zum Vater: Ich habe dir und Gott Unrecht getan. Alles Geld habe ich verschwendet! Es tut mir leid! Ich habe alles falsch gemacht. Ich bin jetzt nur noch wie ein Arbeiter für dich.
Aber der Vater sagt zu den anderen Arbeitern:

Schnell, holt schöne Kleidung! Zieht sie dem Sohn an! Steckt dem Sohn einen Ring an den Finger. Und zieht ihm Schuhe an! Wir feiern ein Fest! Schlachtet eine fette junge Kuh! Wir wollen essen und fröhlich sein! Denn der jüngere Sohn ist wie tot gewesen. Und nun lebt er wieder. Ich hatte ihn verloren und habe ihn wiedergefunden.
Alle sind fröhlich.
Aber der ältere Sohn ist noch bei der Arbeit auf dem Feld. Er kommt nach Hause. Alle singen und tanzen. Da fragt der Sohn einen Arbeiter: Was ist denn hier los?
Der Arbeiter sagt: Dein Bruder ist wieder da! Dein Vater hat eine fette junge Kuh geschlachtet. Er freut sich so! Dein Bruder ist gesund wieder zu Hause.
Der ältere Bruder wird zornig und bleibt draußen.
Sein Vater geht zu ihm hinaus. Der Vater sagt: Bitte, komm rein zu uns. Feier mit uns!
Der ältere Sohn sagt: Ich arbeite seit vielen Jahren für dich. Ich tue, was du willst. Und ich habe doch schon lange diesen Wunsch gehabt: Lass uns einen Bock schlachten und mit meinen Freunden feiern!
Und nun kommt mein Bruder. Und du schlachtest ihm sogar eine fette junge Kuh. Obwohl er all dein Geld verschwendet hat.
Da sagt der Vater: Du bist mein Sohn. Und du bist immer da. Alles, was mir gehört, gehört auch dir.
Lass es gut sein! Sei mit uns fröhlich: Denn dein Bruder war wie tot, und jetzt lebt er wieder. Ich hatte deinen Bruder verloren und habe ihn wiedergefunden.

Tagesgebet

Liebevoller Gott,
du kümmerst dich um uns.
So wie Eltern um ihre Kinder.
Wir sind auf dem falschen Weg.
Du suchst uns, bis du uns findest.
Aus der hintersten Ecke holst du uns hervor.
Du gibst uns nicht verloren. Danke!
Mach weiter! Wir brauchen dich.
Amen.

4. Sonntag nach Trinitatis

| Genesis 50,15–21 | *Jesus tröstet seine Brüder* |
| Johannes 8,3–11 | *Jesus und die Ehebrecherin* |

Genesis 50,15–21

Jakob hat zwölf Söhne bekommen. Josef ist der jüngste.
Seine Brüder hatten ihm Böses angetan. Sie hatten ihn als Sklaven nach Ägypten verkauft. Dort war Josef ein wichtiger Mann geworden.
Dann gab es eine Hungersnot in der Heimat von Jakob. Zusammen mit den anderen Brüdern ist er deshalb nach Ägypten gekommen. Dort geht es der Familie besser. Josef hilft ihnen. Dann stirbt der Vater.

Die Brüder von Josef haben jetzt Angst vor Josef. Die Brüder sagen zueinander: Wir sind böse zu Josef gewesen. Rächt er sich jetzt an uns?
Deshalb schicken die Brüder einen Boten zu Josef. Dem Boten sagen sie: Sag Josef, was sein Vater gesagt hat. Der Vater hat vor seinem Tod gesagt: Geht zu Josef. Bittet Josef, dass er euch Brüdern vergibt. Sie haben dir Schlimmes angetan. Vergib ihnen trotzdem. Wir glauben alle an denselben Gott.
Josef hört das. Und er weint.
Seine Brüder kommen zu ihm. Die Brüder fallen vor ihm auf den Boden.
Sie sagen: Ab heute dienen wir dir.
Aber Josef antwortet: Steht auf. Habt keine Angst! Bin ich denn Gott? Ihr habt Böses gegen mich geplant. Aber Gott hat Gutes daraus gemacht. Wir sehen jetzt: Er hat dadurch Gutes erreicht. Ihr alle seid am Leben geblieben. Ein großes Volk ist gerettet worden. Seid froh und zuversichtlich. Ich sorge für euch und eure Kinder.
Und Josef tröstet die Brüder und spricht freundlich zu ihnen.

Johannes 8,3–11

Eine Frau kommt zu Jesus. Menschen bringen die Frau zu Jesus und stellen die Frau mitten auf den Platz. Die Frau hat ihre Ehe gebrochen.
Sie hat mit einem anderen Mann geschlafen.
Schrift-Gelehrte und Pharisäer – das sind Menschen, die Gesetze von Gott sehr ernst nehmen – sagen zu Jesus: Meister, andere haben diese Frau beim Ehebruch ertappt. Im Gesetz von Mose steht: Ehebruch ist verboten. Die Strafe ist Steinigung und Tod. Was sagst du dazu?
Mit dieser Frage wollen sie Jesus eine Falle stellen. Die Pharisäer planen eine Anklage gegen Jesus.
Jesus aber bückt sich. Er schreibt mit dem Finger auf die Erde.
Die anderen sprechen Jesus immer wieder an. Da richtet Jesus sich auf.
Jesus sagt: Hat noch niemand von euch gegen das Gesetz verstoßen? Dann wirft der jetzt den ersten Stein auf die Frau!
Und Jesus bückt sich wieder und schreibt auf der Erde.
Die anderen hören ihn. Einer nach dem anderen geht weg. Die Gemeindeleiter (Ältesten) zuerst.
Jesus bleibt allein mit der Frau. Sie steht mitten auf dem Platz.
Jesus richtet sich auf. Er fragt sie: Frau, wo sind die anderen? Hat dich niemand verurteilt?
Sie antwortet: Nein. Alle sind lieber weggegangen. Sie lassen mich in Ruhe.
Und Jesus sagt: Ich sehe dich, wie du bist. Geh. Aber tue ab jetzt, was Gott will.

Kyrie

Gott, du schenkst das Leben. Wir werfen es weg.
Du gibst und Rhythmus und Klang. Wir schreien dagegen an.
Gott, erbarme dich.
Gott, unsere Herzen sind verschlossen. Wie Türen.
Öffne uns für dich.
Gott, erbarme dich.
Du bist unsere Rettung.
Amen.

5. Sonntag nach Trinitatis

Genesis 12,1–4a | *Gott beruft Abraham*
Johannes 1,35–42 | *Erste Jünger*

Genesis 12,1–4a

Gott sagt zu Abraham:
Mach dich auf den Weg.
Lass alles hinter dir: Das Land, in dem lebst. Die große Familie, zu der du gehörst.
Geh in das Land, das ich dir zeige.
Ich mache dich zu einem großen Volk.
Ich segne dich.
Ich gebe dir einen großen Namen.
Du wirst für andere zum Segen.
Ich segne alle, die dich segnen.
Wer dich verflucht, den verfluche ich.
Auf der ganzen Welt empfangen die Menschen durch dich Segen.
Da geht Abraham los.
So hatte Gott es gewollt.

Johannes 1,35–42

Johannes der Täufer und zwei von seinen Freunden sehen Jesus.
Da sagt Johannes: Seht, das Lamm von Gott!
Johannes meint: Jesus kommt von Gott.
Bald stirbt Jesus wie ein Lamm. Wie ein Tier, das man opfert.
Aber anders. Er stirbt als Mensch. Und er stirbt damit für alle Menschen.
Die beiden Freunde hören das.
Sie gehen mit Jesus mit.
Jesus bemerkt das und fragt: Was wollt ihr?
Sie antworten: Rabbi – das heißt Lehrer –, wo bleibst du?
Jesus sagt: Kommt mit und seht es euch an!
Und sie gehen mit.
Die Freunde bleiben an diesem Tag bei ihm.

Einer von den beiden neuen Jüngern heißt Andreas.
Das ist der Bruder von Simon Petrus.
Andreas spricht zu Simon Petrus:
Wir haben den Messias gefunden. Messias: Das ist der Gesalbte.
Er ist von Gott auserwählt worden. Er rettet uns.
Dann bringt Andreas (seinen Bruder) Simon zu Jesus.
Jesus sieht ihn und sagt:
Du bist Simon, der Sohn von Johannes.
Dein Name heißt ab jetzt Kephas. Das bedeutet Fels.

Fürbitten

Jesus Christus, du Gesalbter und Bruder.
Du bist da.
Du begleitest Aufbrüche, das Kreisen und das Ankommen.
Zu dir rufen wir:
Stärke unseren Glauben an dich.
Gib uns den Mut, uns zu dir zu bekennen.
Schenke uns die Gelassenheit für ein Leben im Hier und Jetzt.
Bewahre uns im Glauben an dich und deinen Weg und deine Wahrheit.
Amen.

6. Sonntag nach Trinitatis

Jesaja 43,1–7 * | *Fürchte dich nicht …*
Apostelgeschichte 8,26–39 | *Der Mann aus Äthiopien*

Jesaja 43,1–7 * (gekürzt)

So spricht Gott durch den Propheten Jesaja:

Der Herr hat dich geschaffen, Jakob.
Und er hat dich gestaltet, Israel.
So spricht jetzt der Herr.
Fürchte dich nicht. Sei ganz mutig. Denn ich habe dich erlöst.
Ich habe dich mit deinem Namen gerufen. Du gehörst zu mir.
Ich bin bei dir.
Wenn du durch Wasser gehst, bleibst du am Leben.
Wenn um dich Feuer ist, bleibst du am Leben.
Auch im Feuer.
Denn ich bin der Herr, dein Gott.
Ich bin heilig in Israel. Ich bin der Retter für dich.
Ich habe viel für dich bezahlt.
So sei nun ganz mutig. Denn ich bin bei dir.
Ich bringe alle deine Kinder zusammen. Ich hole sie her aus dem Osten und aus dem Westen.
Ich sage zu denen, die im Norden sind: Kommt. Und zu denen, die im Süden sind, sage ich: Macht euch auf.
Meine Söhne und meine Töchter bringe ich zusammen von überall her. Sie sind alle mit meinem Namen verbunden. Ich habe sie geschaffen. Ich habe sie gemacht. Deshalb ehren sie mich.

Apostelgeschichte 8,26–39

Ein Engel kommt von Gott zu Philippus.
Der Engel sagt: Steh auf. Geh nach Süden. Geh auf der Straße, die von der Stadt Jerusalem in die Stadt Gaza führt. Diese Straße geht bergab. Die Straße ist leer und einsam.
Und Philippus steht auf. Und er geht genau dorthin. Auf der Straße geht auch ein mächtiger Mann aus Äthiopien. *Das ist ein Land in Afrika.* Der Mann verwaltet den Schatz am Hof von der Königin. Er ist nach Jerusalem gefahren und hat dort zu Gott gebetet. Nun ist er auf dem Weg zurück nach Hause. Der Mann sitzt in seinem Wagen. Er liest in der Bibel. Er liest vom Propheten Jesaja.
Da spricht der Geist von Gott zu Philippus: Gleich kommt ein Wagen vorbei. Bleib in der Nähe von dem Wagen.
Philippus läuft zum Wagen. Er hört: Der Mann im Wagen liest vom Propheten Jesaja.
Philippus fragt den Mann: Du liest! Verstehst du das auch?
Der Mann aber antwortet: Wie kann ich es verstehen? Wer erklärt es mir?
Und der Mann bittet Philippus: Steig in den Wagen. Setz dich zu mir!
Das hat der Mann in dem Buch gerade gelesen:
Ein Mensch ist sehr still. Wie ein Schaf, das gleich jemand schlachtet. Und ein Mensch ist stumm. Wie ein Lamm, dem gleich jemand das Fell schert. So still und stumm ist dieser Mensch. Der Mensch macht sich klein. Er erniedrigt sich. Deshalb ist seine Strafe zu Ende. Kann jemand die Nachkommen von diesem Mann aufzählen? Denn sein Leben verschwindet von der Erde. (Jesaja 53,7–8)
Der Schatz-Verwalter sagt: Ich bitte dich. Sag mir. Über wen sagt der Prophet das? Redet er über sich selbst? Redet er über jemand anderen?
Philippus spricht mit ihm. Er fängt beim Text vom Propheten Jesaja an. Und er erzählt dem Mann zugleich von Jesus Christus.
So fahren sie gemeinsam weiter im Wagen. Die Straße führt am Wasser vorbei. Da sagt der Schatz-Verwalter: Guck mal. Da ist Wasser. Ich kann mich doch taufen lassen!
Der Wagen hält an. Philippus und der Schatz-Verwalter steigen aus. Und beide gehen in das Wasser hinein. Philippus tauft den

Schatzverwalter. Beide Männer gehen aus dem Wasser wieder heraus.
Da nimmt der Geist von Gott Philippus zu sich – auf einmal ist Philippus weg. Der Schatz-Verwalter ist plötzlich allein. Er fährt fröhlich davon.

Tagesgebet

Gott,
wir sind bei dir. Du bist bei uns. Das ist schön.
Du rufst uns. Wir rufen dich.
Das macht uns froh und glücklich.
Du bist die Liebe, für dich ist alles möglich.
Wir sind deine Geliebten. Was soll sein, das uns Angst macht!
Du bist unsere Zuversicht. Wir sehen zu dir.
So soll es immer bleiben.
Versprichst du das?

Du hast Ja gerufen. Das hören wir.
Amen.

7. Sonntag nach Trinitatis

Exodus 16,2-3.11-18 | *Wachteln und Manna*
Johannes 6,30-35 | *Wahres Brot vom Himmel*

Exodus 16,2-3.11-18

Das Volk Israel ist auf dem Weg durch die Wüste. Aber es ist heiß. Sie haben wenig zu essen und zu trinken.

Da macht das ganze Volk Israel gegen Mose und seinen Bruder Aaron einen Aufstand. Das Volk murrt und sagt: Ach, wir vermissen das Leben in Ägypten. Dort sind unsere Kochtöpfe voll mit Fleisch gewesen. Wir haben uns an Brot satt gegessen. Aber ihr habt uns von dort herausgeführt. Ihr habt uns in diese Wüste gebracht. Jetzt verhungern wir.

Da sagt der Herr zu Mose: Ich habe das Geschrei von dem Volk Israel gehört. Richte ihnen Folgendes aus: Gegen Abend bekommt ihr Fleisch zum Essen. Am Morgen habt ihr dann genug Brot. Dann seid ihr satt. Daran erkennt ihr: Ich bin der Herr, euer Gott.

Am Abend kommen große Vögel in das Zeltlager. Es sind Wachteln. Und am Morgen fällt Tau. Dann verdunstet der Tau durch die Sonne. Auf dem Boden sieht man feine Körner. Sie sehen aus wie Brot.
Die Leute sehen es und sagen: Man hu? Das bedeutet: Was ist das? Denn die Körner sind ihnen fremd.
Mose aber erklärt es ihnen: Das ist Manna. Brot vom Himmel. Damit erhält Gott euch am Leben. Und Gott befiehlt euch: Sammelt so viel ein, wie ihr zum Essen braucht.
Einen Krug für jeden. Und die Israeliten machen das so. Manche sammeln viel und manche wenig. Am Ende haben alle genug zum Leben.

Johannes 6,30–35

Die Leute sagen zu Jesus: Zeig uns ein Wunder von dir!
Dann glauben wir: Gott hat dich gesendet.
Das ist dann ein Beweis.
Damals in der Wüste haben unsere Vorfahren Manna gegessen.
Das ist himmlisches Brot. In der Bibel steht dazu dieser Satz:
Brot vom Himmel hat Gott ihnen zu essen gegeben.
Jesus antwortet: Ich sage euch:
Das Brot vom Himmel hat euch Gott gegeben, er allein.
Mein Vater gibt euch das wahre Brot vom Himmel.
Aber das wahre Brot von Gott ist ein Mensch.
Dieser Mensch kommt vom Himmel herab und
schenkt der Welt das Leben.
Er gibt uns von diesem Brot!
Jesus antwortet: Ich bin das Brot des Lebens.
Wer zu mir kommt, wird satt.
Und wer an mich glaubt, hat immer genug zu trinken.

Abendmahlsliturgie

Präfation

Wir preisen dich. Du bist gütig, unser Gott.
Von dir kommt alles, was unser Leben reich macht.
Du schenkst das wahre Brot und gibst lebendiges Wasser.
Deshalb loben wir dich mit der ganzen Schöpfung
Wir singen dir zur Ehre gemeinsam mit den Engeln:

Heilig, heilig, heilig

Abendmahlsgebet I

Wir danken dir für deinen Sohn Jesus Christus.
Er ist das wahre Brot, das vom Himmel zu uns gekommen ist.
Er ist der Weinstock und wir sind die Reben.
Wir danken dir dafür, dass Jesus Mensch geworden ist.
 Er hat Augen, Ohren, Hände und Füße.
Mit vielen Menschen hat er gegessen und getrunken,
daran erinnern wir uns:

Einsetzungsworte

Abendmahlsgebet II

Gott, wir bitten dich um deinen guten Geist.
Dein Geist schafft Vertrauen.
Dein Geist schenkt Liebe,
Dein Geist gibt Hoffnung.
Mache unsere Herzen mutig.
Und erfrische unseren Sinn.
Schenke uns deine Nähe, wir brauchen dich.

Vaterunser

8. Sonntag nach Trinitatis

Jesaja 2,1–5 | *Waffen weg!*
Johannes 9,1–7 | *Heilung von einem Blinden*

Jesaja 2,1–5

Der Prophet Jesaja sieht in die Zukunft. Er sieht, was mit dem Reich Juda geschehen wird. Er sieht, was mit dem Reich Jerusalem geschehen wird.

Das hat er gesehen: Das Haus von Gott ist auf einem Berg. Dieser Berg steht für immer fest. Er ist höher als alle Berge. Er ragt über allen Hügeln empor. Alle Menschen kommen dorthin.
Die Menschen sagen dann: Kommt, lasst uns zum Gottesberg gehen! Lasst uns zum Gotteshaus von Jakob gehen! Er lehrt uns den Weg. Er zeigt uns richtiges Leben. Vom Heiligen Berg von Gott kommt die Botschaft. Das Wort von Gott kommt aus Jerusalem.
Viele kommen dann. Gott zeigt ihnen allen das richtige Leben. Aus den Schwertern machen die Menschen Geräte für den Acker. Spieße und Waffen werden zu Sicheln. Damit mäht man Getreide. Der Krieg ist dann vorbei. Die Schwerter lassen sie stecken. Sie kommen weg.
Kommt nun, ihr alle aus der Familie von Jakob! Kommt, ihr alle aus der Sippe von Jakob! Bald leben wir vor Gott. Von ihm kommt Licht. Dort leben wir gut.

Johannes 9,1-7

Jesus geht auf einer Straße entlang. Er sieht einen Menschen. Dieser Mensch ist blind geboren. Seine Jünger sprechen ihn an. Sie fragen: Meister, hat er Böses getan? Oder seine Eltern? Weil er blind geboren ist.
Jesus antwortet: Gott tut bald etwas Großes an ihm. Seine Eltern haben alles richtig gemacht. Und er auch. Wir müssen im Sinn von Gott handeln. Gott hat mich gesandt.
Noch ist es Tag. Noch bin ich da. Bald kommt die Nacht. Dann muss ich gehen.
Ich bin das Licht der Welt. Solange ich da bin.
Jesus spricht zu Ende. Dann spuckt er auf die Erde. Er macht daraus einen Brei. Diesen Brei streicht er auf die Augen von dem Blinden.
Jesus sagt zu dem Blinden: Geh zum Teich Siloah. Siloah bedeutet übersetzt gesandt. Dort wasch dich.
Der Blinde geht dorthin. Er wäscht sich in dem Teich Siloah. Als er wiederkommt, kann er sehen!

Tagesgebet (trinitarisch)

Gott, Schöpfer der Welt,
du hast den Dingen ihre Namen gegeben.
Jesus, Erlöser der Welt,
du bist gestorben und hast Menschen das Leben gerettet.
Geist, Vollender der Welt,
du hast Menschen aus dem Dunkel ins Licht geführt.

Gott, Vater, Sohn und Geist,
hilf uns, mit offenen Augen durch deine Welt zu gehen.
Wir wollen von dir erzählen.
Komm zu uns.
Komm in unsere Mitte.
Amen.

9. Sonntag nach Trinitatis

| Jeremia 1,4–10 | *Gott ruft Jeremia* |
| Matthäus 7,24–27 | *Haus auf Sand* |

Jeremia 1,4–10

Jeremia erzählt: So bin ich ein Mann von Gott geworden:

Gott hat zu mir gesagt: Ich kenne dich schon lange. Schon bevor deine Mutter mit dir schwanger war. Ich hatte dich schon lange für mich ausgewählt. Schon bevor deine Mutter dich geboren hat. Ich habe gewusst: Du wirst einer von meinen Leuten. Ein Prophet. Erzähle den Menschen von mir.
Da habe ich zu Gott gesagt: Ich kann das nicht! Ich bin zu jung.
Gott antwortet mir: Du bist alt genug!
Geh, wohin ich dich schicke! Sag den Menschen alles, was ich dir sage. Sei ganz ruhig! Ich bin bei dir. Ich rette dich!
So spricht Gott.
Jeremia erzählt weiter: Die Hand von Gott hat meinen Mund berührt. Gott hat zu mir gesagt: Pass auf! Ich spreche durch dich. Pass auf! Du hast Macht über Völker und Länder. Du zerstörst alles und machst es kaputt. Und du baust alles auf und setzt neue Pflanzen.

Matthäus 7,24–27

Jesus sagt zu seinen Zuhörern: Was ich euch eben erzählt habe, ist sehr wichtig. Ich sollt so leben, wie Gott es will. Jesus macht einen Vergleich:

Wer so lebt, wie Gott es will, ist klug! Das ist wie beim Hausbau: Baue dein Haus auf feste Steine.
Wenn dann der Wind und der Regen kommen, bleibt es heil.
Wer anders lebt, als Gott es will, ist dumm.
Das ist auch wie beim Hausbau: Der Sand unter dem Haus ist zu locker. Dann kommen Wind und Regen. Und das Haus stürzt ein.

Abendmahlsgebet

Heiliger Gott, Ursprung der Welt!
Du deckst für uns den Tisch.
Du stärkst uns mit deiner Nähe.
Wir fühlen sie.

Heiliger Gott, Ziel aller Wege!
Du lädst uns ein.
Du gibst uns von deiner Kraft
Wir schmecken sie in Brot und Wein.

Heiliger Gott, ewige Gegenwart!
Du willst uns in der Nähe haben.
Du bist mit uns zusammen.
Wir sehen dich links und rechts. An beiden Seiten.

Wir kommen zu dir! Denn du bist heilig!
Wir danken dir! Denn du bist heilig!
Wir singen für dich! Denn du bist heilig!
Amen.

10. Sonntag nach Trinitatis – Israelsonntag

Sacharja 8,20-23 | *Der Tempel in Jerusalem*
Markus 12,28-34 | *Gott lieben und die Menschen*
Römer 11,17-24 | *Die Wurzel trägt*

Sacharja 8,20-23

So spricht Gott im Himmel.
Er herrscht über alle Mächte.
Viele Völker werden kommen,
Einwohner von vielen Städten.
Die Leute sagen zueinander:
Los, wir beten zu Gott, und bitten ihn dringend um Hilfe!
Kommt mit, wir suchen den Herrn!
Er ist Gott über alle Mächte.
Wir gehen zusammen zu ihm!
Dann werden viele Völker und Menschen aus mächtigen Ländern nach Jerusalem kommen.
Jerusalem ist ein heiliger Ort.
Dort ist der heilige Tempel von Gott.
Sehr viele Menschen werden dort Gott anrufen.

Markus 12,28-34

Einer von den Schrift-Gelehrten stellt sich zu Jesus. Er hat zugehört: Vorher haben einige miteinander gestritten. Er hat auch die gute Antwort von Jesus gehört. So fragt er Jesus: Welches ist das wichtigste Gebot unter allen Geboten?
Jesus antwortet ihm: Das wichtigste Gebot ist das: Höre, mein Volk Israel. Der Herr, unser Gott, ist der eine und der einzige Herr. Nur er allein ist Gott. Du sollst den Herrn, deinen Gott, lieben. Aus vollem Herzen. Aus ganzer Seele. Mit all deinem Gefühl. Und mit aller Kraft. Das ist das eine Gebot.
Und das andere Gebot heißt so: Du sollst deinen Mit-Menschen lieben. So wie du dich selbst liebst. So sollst du auch andere lieben. Das sind die wichtigsten Gebote.

Der Schrift-Gelehrte sagt zu Jesus: Lehrer, du hast gut geredet!
Das stimmt wirklich. Gott ist nur einer. Gott ist der eine und einzige. Deshalb ist dies das Wichtigste: Gott von Herzen zu lieben.
Mit allem Gefühl und mit aller Kraft. Du liebst dich selbst. Und so sollst du auch andere lieben. Das ist besser als alle Opfer.
Jesus merkt: Der Schrift-Gelehrte gibt eine gute Antwort.
Deshalb sagt Jesus zu ihm: Du bist nahe dran am Reich Gottes.
Alle anderen sind still. Sie fürchten sich. Keine Fragen mehr!

Römer 11,17–24

Paulus schreibt an die Christen in Rom. Sie sind Heiden, aber sie gehören zum Volk Gottes.
Paulus vergleicht das Volk Gottes mit einem Ölbaum.
Einige Zweige sind aus diesem edlen Ölbaum herausgebrochen worden. Andere Zweige vom wilden Ölbaum hat man in den edlen Ölbaum eingesetzt. Das nennt man auch eingepfropft.

Paulus schreibt: Ein edler Ölbaum hat starke Wurzeln. Ihr gehört dazu. Aber ich warne euch: Ihr denkt, ihr seid besser. Tragt ihr etwa die Wurzel? Nein! Die Wurzel trägt euch.
Ihr sagt: Die anderen Zweige sind herausgerissen worden. So werden wir neu gepflanzt und eingepfropft.
Das stimmt. Die anderen Zweige sind herausgebrochen worden. Denn sie hatten keinen Glauben. Ihr gehört jetzt dazu. Weil ihr glaubt. Seid dankbar. Denkt daran: Gott hat die natürlichen Zweige herausgebrochen. Er kann auch euch herausbrechen. Erkennt: Gott ist gut zu uns.
Aber er ist auch streng. Geht ihr weg und wendet euch ab? Dann ist Gott streng zu euch. Bleibt ihr? Dann ist Gott gut zu euch. Sonst werdet auch ihr herausgebrochen.
Ebenso können die anderen wieder zum Glauben kommen.
Dann kann Gott auch sie wieder in den Ölbaum einpfropfen.
Und sie gehören wieder dazu.

Fürbitte

Gott von Abraham, Isaak und Jakob,
wir beten zu dir.
Wir bitten dich für Israel, Land und Verheißung.
Gib Frieden, Gott, gib Frieden.

Gott von Sarah, Rebekka und Rahel,
wir beten zu dir.
Wir bitten dich für Bethlehem.
Schenk Versöhnung, Gott!

Jesus, Bruder von Petrus, Andreas und Maria,
wir beten zu dir.
Mensch unter Menschen.
Du deckst den Tisch und wir kommen zu dir.
Darauf hoffen wir!
Amen.

11. Sonntag nach Trinitatis

2. Samuel 12,1-10.13-15a | *Nathan und David*
Lukas 18,9-14 | *Pharisäer und Zöllner*

2. Samuel 12,1-10.13-15a

Der Herr schickt Nathan zu König David.
Nathan ist ein Prophet, ein Bote von Gott.
Er erzählt David folgende Geschichte:

Zwei Männer leben in einer Stadt.
Der eine ist reich, der andere ist arm.
Der reiche Mann besitzt viele Schafe und Rinder.
Aber der arme Mann hat nur ein einziges kleines Schaf.
Er versorgt es gut.
Das Schaf wächst mit den Kindern von dem Mann auf.
Das Schaf isst mit ihnen. Es trinkt gemeinsam mit ihnen.
Es schläft auf dem Schoß von dem Mann.
Es ist für ihn wie eine Tochter.
Einmal bekommt der reiche Mann Besuch.
Dieser reiche Mann behält seine vielen Tiere für sich.
Stattdessen nimmt er das Schaf von dem armen Mann.
Er bereitet es zu und tischt es dem Gast auf.
König David hört diese Geschichte. Er ist sehr wütend.
Er sagt zu Nathan: Bei Gott! So wahr Gott lebt! Wer hat das getan?
Dieser Mann muss sterben. Und außerdem muss er das eine Schaf vierfach bezahlen.
Daraufhin sagt Nathan zu David: Du bist der Mann!
Der Herr, der Gott von Israel, sagt dir durch mich:
Ich habe dich zum König über Israel gesalbt.
Ich habe dich vor König Saul beschützt.
Ich habe dir das Haus von Saul gegeben und Frauen dazu.
Ich habe dir das Land Israel und das Land Juda gegeben. Das Reich im Norden und im Süden.
Ist das alles etwa zu wenig?
Dann gebe ich dir noch dies und jenes dazu.

Warum hörst du trotzdem weg? Warum hast du schlecht gehandelt? Uria ist dein treuester Soldat gewesen. Ihn hast du mit dem Schwert erschlagen.
Du hast die Frau von ihm genommen. Bathseba heißt sie.
Ihn aber hast du ermordet.
Du hast ihn absichtlich an die Front geschickt. Dort, wo es besonders gefährlich ist. Direkt in die Schwerter von den Feinden hinein.
Deshalb wird das Schwert ein Fluch für deine Familie werden.
Denn du hast mich verachtet, David.
Da sagt David zu Nathan: Das stimmt!
Ich habe den Herrn beleidigt.
Darauf antwortet Nathan: Du gibst es zu. Deshalb verschont dich der Herr.
Du bleibst am Leben! Aber es gibt schlimme Folgen: Die Bösen spotten über Gott. Daran bist du schuld.
Der Sohn von dir und Bathseba stirbt.
Dann geht Nathan nach Hause.

Lukas 18,9–14

Einige Leute sind sehr hochmütig. Sie machen immer, was Gott sagt. Jedenfalls glauben sie das. Auf andere Menschen gucken sie herab. Diesen Menschen erklärt Jesus etwas.

Dazu erzählt Jesus eine Geschichte:
Zwei Menschen gehen hinauf in den Tempel.
Beide beten dort.
Der eine ist ein Pharisäer. Er nimmt den Glauben sehr ernst.
Der andere ist ein Zöllner. Die sind sehr unbeliebt. Sie nehmen Geld von Menschen an der Grenze.
Der Pharisäer betet so:
Danke Gott, dass ich so gut bin. Besser als viele andere Leute.
Stehlen, betrügen, ehebrechen – so etwas tue ich nicht!
Und ich bin besser als die Zöllner, so wie der da einer ist.
Gott, du weißt ja, ich faste zweimal in der Woche.
Und ich spende ein Zehntel von meinem Geld.
Der Zöllner steht abseits.
Er hält den Blick gesenkt.
Er schlägt sich an die Brust und betet:
Gott, ich weiß: Ich bin schlecht.
Aber ich bitte dich: Sei mir gnädig!

Zum Schluss sagt Jesus zu den Zuhörern: Der Zöllner geht befreit nach Hause, anders als der Pharisäer.
Manche Menschen wollen besser scheinen, als sie sind.
Gott durchschaut das. Andere erkennen: Sie selbst sind schwach.
Gott hilft ihnen auf.

Vorspruch Kyrie

Ewiger Gott, wir versuchen, dich zu verstehen.
Und wir merken: Es fällt uns schwer.
Gott, wir versuchen auch herauszufinden, wer wir selbst sind.
Und wir bitten dich, hilf uns dabei.
Lehre uns, genau hinzuschauen und auszuhalten, was wir sehen.
Und nimm unsere Last und unsere Schuld von uns.
Wir bitten dich, erbarme dich:
Kyrie – Christe – Kyrie

Tagesgebet

Gott, du kennst mich.
Du weißt, wie es mir heute geht.
Du siehst, was ich denke.
Du schenkst mir den Glauben.
Ich bitte dich, Gott, lass mich zur Ruhe kommen.
Mache mich bereit für dein Wort.
Schenke mir Vertrauen: Du meinst es gut mit mir.
Amen.

12. Sonntag nach Trinitatis

Markus 8,22-26 | *Jesus heilt einen Blinden*
Apostelgeschichte 9,1-9(10-20) | *Saulus begegnet Jesus*

Markus 8,22-26

Jesus und seine Freunde kommen in das Dorf Betsaida. Die Leute dort bringen einen blinden Menschen zu Jesus. Sie bitten Jesus: Berühre den Blinden!
Jesus fasst den Blinden an der Hand. Er führt ihn aus dem Dorf heraus. Er nimmt Speichel aus seinem Mund auf die Hände. Jesus legt die Hände mit dem Speichel auf die Augen von dem Blinden. Dann legt Jesus seine Hände auf den Blinden.
Er fragt den Blinden: Siehst du etwas?
Der Blinde schaut hoch. Er sagt: Ich sehe Menschen. Sie sehen aus wie Bäume. Die Bäume gehen umher.
Danach legt Jesus noch einmal die Hände auf die Augen von dem Blinden. Da sieht der Blinde deutlich. Er kann wieder ganz richtig sehen und alles scharf sehen. Jesus schickt ihn nach Hause. Jesus sagt zu ihm: Geh nun woanders hin!

Apostelgeschichte 9,1-9(10-20)

Immer mehr Menschen folgen Jesus Christus. Saulus ist wütend darüber. Saulus will diese Menschen töten. Saulus geht zum wichtigsten Priester im jüdischen Tempel.
Er bittet den Priester: Schreib Briefe nach Damaskus. Schreib dort an die Gotteshäuser. Sperrt die Anhänger von Jesus ein! Saulus will die Jesus-Anhänger nach Jerusalem bringen. Am besten gefesselt.
Saulus macht sich auf den Weg in die Stadt Damaskus. Er kommt in die Nähe von der Stadt.
Auf einmal ist es ganz hell. Das Licht kommt vom Himmel. Das Licht umstrahlt Saulus.
Saulus fällt auf den Boden. Da hört er eine Stimme: Saul, Saul, warum verfolgst du mich?
Saulus aber sagt: Herr, wer bist du?

Die Stimme antwortet: Ich bin Jesus. Du verfolgst mich. Steh auf.
Geh hin in die Stadt. Da sagen dir die Leute, was du tun sollst.
Die Begleiter von Saulus sind ganz still. Sie hören die Stimme
auch. Aber niemand ist da.
Saulus steht vom Boden auf. Er öffnet die Augen. Aber er ist
blind. Die Begleiter fassen ihn an der Hand und bringen ihn
nach Damaskus.
Saulus bleibt drei Tage blind. Er hungert drei Tage. Und drei
Tage lang hat er Durst.

Fürbittengebet

Gott,
wir danken dir für die Schöpfung.
Für die Bäume, die Tiere, die Vögel.
Für den Wal und für die Elster.
Für die Linden und für die Kastanien.
Wir bitten dich: Öffne die Augen der Menschen.
Dass sie die Liebe in allen Dingen sehen.
Dass sie deine Liebe erkennen.
Wir bitten dich: Öffne unsere Augen für dich.

Gott,
wir danken dir für die Schöpfung.
Für die Menschen. Die Großen und die Kleinen.
Für die Mutigen und die Ängstlichen.
Für den Nachbarn rechts und den Nachbarn links.
Wir bitten dich: Öffne die Augen der Menschen.
Dass sie die Liebe in allen anderen sehen.
Dass sie deine Liebe erkennen.
Wir bitten dich: Öffne unsere Augen für dich.

Gott,
wir danken dir für die Schöpfung.
Für die Zeit. Für die Tage und Wochen.
Für Vorgestern und für Übermorgen.
Wir bitten dich: Öffne die Augen der Menschen.
Dass sie an allen Tagen ein Stück von deiner Liebe finden.
Dass wie wissen: Du kommst. Du bleibst. Du gehst mit.
Jeden Tag.
Wir bitten dich, Gott: Öffne unsere Augen für dich.
Mach uns offen für dich.
Amen.

13. Sonntag nach Trinitatis

Genesis 4,1–15 | *Kain und Abel*
Lukas 10,25–37 | *Barmherziger Samariter*

Genesis 4,1–15

Adam und seine Frau schlafen miteinander. Bald danach ist die Frau schwanger. Sie bringt einen Sohn zur Welt. Die Frau sagt: Mit der Hilfe von Gott habe ich einem Menschen das Leben geschenkt.
Sie nennt den Jungen Kain.
Später bekommt die Frau von Adam einen zweiten Sohn. Sie nennt den Jungen Abel.
Abel wird ein Hirte. Kain wird ein Bauer.
An einem Tag bringt Kain ein Dankopfer für Gott. Er opfert Ernte vom Feld. Auch Abel macht das. Abel nimmt dafür die besten Lämmer von seiner Herde.
Gott mag das Opfer von Abel lieber als das von Kain.
Da wird Kain zornig. Finster schaut Kain auf den Boden.
Aber Gott fragt ihn: Warum bist du zornig? Wieso starrst du auf den Boden? Hast du Gutes im Sinn? Dann hebe den Kopf hoch. Planst du Böses? Dann wartet die Schuld auf dich. Sie will dich kaputt machen. Wehr sie ab. Du musst sie beherrschen.
Kain aber sagt zu seinem Bruder: Komm und sieh dir doch einmal meine Felder an!
Und sie gehen hinaus aufs Feld. Da fällt Kain über seinen Bruder her und schlägt ihn tot.
Der Herr fragt Kain: Wo ist dein Bruder Abel?
Was weiß ich?, antwortet Kain. Soll ich etwa dauernd auf meinen Bruder aufpassen?
O weh, was hast du getan, sagt der Herr. Es ist schrecklich.
Der Acker ist noch voll mit dem Blut von Abel.
Deshalb wirst du verflucht und bestraft. Du musst das fruchtbare Land verlassen. Als Flüchtling ohne zu Hause musst du dich herumtreiben.
Kain sagt zu Gott: Diese Strafe ist zu hart. Sie bringt mich um.

Du vertreibst mich vom fruchtbaren Land und aus deiner schützenden Nähe. Als Flüchtling ohne zu Hause muss ich umherirren. Jeder kann mich töten.
Der Herr antwortet: Ich achte auf dich. Wenn einer dich tötet, müssen dafür sieben Menschen sterben.
Und Gott macht Kain ein Zeichen auf die Stirn. So kann jeder sehen: Kain steht unter dem Schutz von Gott.

Lukas 10,25–37

Ein Gesetz-Lehrer will Jesus auf die Probe stellen.
Er fragt: Ich will für immer leben. Was muss ich dafür tun, Meister?
Jesus antwortet ihm: Was steht denn im Gesetz? Was liest du dort?
Der Lehrer antwortet: Der Herr ist dein Gott. Du sollst Gott von ganzem Herzen lieben. Liebe ihn mit all deiner Kraft, mit vollem Einsatz und allem Verstand.
Aber auch ein zweites Gebot ist wichtig: Du sollst deine Mit-Menschen lieben. Genauso wie dich selbst.
Jesus sagt: Du hast richtig geantwortet. Tu das und du wirst leben!
Der Gesetz-Lehrer will sich verteidigen. Er fragt: Wer ist denn mein Mit-Mensch?
Darauf erzählt Jesus eine Geschichte:
Ein Mann geht von Jerusalem hinunter nach Jericho. Räuber überfallen ihn unterwegs. Die Räuber plündern ihn aus. Sie lassen ihm nur noch das Hemd. Die Räuber schlagen ihn brutal zusammen und lassen ihn halbtot liegen. Dann gehen sie weg.
Zufällig kommt ein Priester aus dem Tempel vorbei. Aber er macht einen Bogen um ihn und geht weiter. Genauso verhält sich ein anderer Mann. Auch er arbeitet im Tempel. Und auch er geht an dem Mann vorbei.
Schließlich kommt ein Mann aus Samarien vorbei. *Die Leute aus Samarien glauben auch an Gott, aber anders als die Juden.*
Der Mann aus Samarien sieht den anderen Mann an der Straße liegen. Er hat Mitleid mit dem Verletzten. Er behandelt die Wunden. Er macht dem Verletzten einen Verband.
Der Mann aus Samarien hat einen Esel dabei. Auf diesen Esel setzt er den Verletzten. Er bringt ihn in ein Gasthaus. Dort versorgt er den Verletzten mit allem, was nötig ist.

Am nächsten Morgen nimmt er zwei Geldstücke und bezahlt damit den Wirt.
Er sagt: Sorge für den Verletzten, bis er wieder gesund ist. Vielleicht ist das Geld zu wenig. Dann bezahle ich dir den Rest, wenn ich wiederkomme.
Jesus fragt den Gesetz-Lehrer: Was meinst du? Welcher von den drei Männern hat den ausgeraubten Mann als Mit-Mensch behandelt?
Der andere antwortete: Natürlich der Letzte. Er hat Mitleid mit ihm gehabt und hat ihm geholfen.

Sündenbekenntnis (offene Schuld) nach der Predigt

Heiliger Gott,
wir schauen unser Leben an.
Wir erinnern uns:
Wir haben viel bekommen. Wir waren glücklich.
Dafür danken wir dir.
Wir sehen aber auch unsere Fehler.
Wir haben andere Menschen gekränkt. Wir denken oder tun Böses wie Kain.
Wir gehen am Leid von anderen Menschen vorbei.
Wir schauen weg wie der Priester in der Geschichte.
Ach Gott!
Wir bereuen das. Bitte verzeihe uns.
Mache unser Leben wieder heil. Mach unser Herz neu.

Gesungen   Schaffe in mir, Gott, ein reines Herze (EG 230)

Zusage:
Alles, was euer Herz schwer macht,
nimmt Gott weg.
Eure bösen Gedanken und Taten:
Bei Gott sind sie aufgehoben,
Eure Tränen wischt Gott ab,
eure Schuld ist verziehen.
Freut euch.
Das Licht von Gott leuchtet.

Fürbitten

Barmherziger Gott,
was du uns schenkst, ist groß und wunderbar.
Du kümmerst dich täglich um uns,
du versorgst uns.
Das macht uns froh und dankbar.
Du schenkst uns viel.
Gerne möchten wir das mit anderen teilen.
Hilf uns dabei.
Gerne möchten wir anderen helfen,
gib uns dazu Mut und Ideen.

Wir bitten dich für alle Menschen,
Ihnen wird Gewalt angetan an Körper und Seele.
Herr, erbarme dich.

Wir bitten dich für alle, die anderen Böses getan haben.
Hilf ihnen, dass sie merken: Wir haben falsch gehandelt.
Vergib ihnen, wie du uns vergeben hast.
Herr, erbarme dich.

Wir danken wir, dass du bei uns bist, und rufen gemeinsam
Vater unser

14. Sonntag nach Trinitatis

Genesis 28,10–19a	*Jakob in Bethel*
Römer 8,(12–13) 14–17	*Kinder von Gott*

Genesis 28,10–19a

Jakob geht aus der Stadt Beerscheba heraus. Er macht sich auf den Weg zur Stadt Haran. Unterwegs übernachtet er. Die Sonne ist schon untergegangen. Jakob legt einen Stein unter seinen Kopf. Er schläft ein.
Er träumt: Er sieht eine Treppe auf der Erde. Sie geht bis zum Himmel. Die Engel von Gott steigen die Treppe hinauf. Sie steigen die Treppe herunter. Oben auf der Treppe steht Gott.
Er spricht: Ich bin der Gott von Abraham. Ich bin der Gott von Isaak. Das ist der Sohn von Abraham, dein Vater. Ich gebe dir einmal das Land, auf dem du gerade liegst.
Auch deine Kinder und Enkel sollen es haben. Ihr seid viele. Bald seid ihr noch mehr. Dann wohnt ihr im Osten, Westen, Norden und Süden.
Du und deine Kinder und Enkel, ihr seid gesegnet. Ich segne euch. Dieser Segen gilt dann für alle Menschen auf der Erde.
Hör zu: Ich bin bei dir. Überall behüte ich dich. In dieses Land hier werde ich dich zurückbringen. Ich bleibe bei dir. Ich werde alles tun, was ich dir versprochen habe.
Da wacht Jakob auf. Er sagt: Gott ist genau hier. Jetzt weiß ich es. Zugleich fürchtet sich Jakob. Er sagt: Dieser Ort ist heilig. Hier wohnt Gott. Hier ist die Tür zum Himmel.
Früh am Morgen steht Jakob auf. Er hat auf dem Stein geschlafen. Er nimmt den Stein und stellt ihn aufrecht hin.
Jakob gießt Öl auf den Stein. Er nennt den Ort Beth-El. Das bedeutet: Haus von Gott.

Römer 8,14–17

Paulus schreibt an die christliche Gemeinde in Rom:

Der Geist von Gott bewegt uns. Wir gehören zu Gott. Ihr könnt beruhigt sein. Ihr könnt frei denken. Ihr seid Kinder von Gott. Deshalb dürft ihr zu Gott rufen und sagen: Abba, lieber Vater! Das heißt so viel wie lieber Papa!
Der Geist von Gott zeigt uns: Wir sind Kinder von Gott.
Kinder erben von ihren Eltern. Wir sind Kinder von Gott. Deshalb sind wir auch seine Erben.
Wir bekommen mit Christus neues Leben geschenkt. Wir leiden aber auch mit ihm gemeinsam. Wir sterben mit ihm. Und wir leben mit ihm in der neuen Welt. Dort wird alles anders.

Präfationsgebet

Gott, Vater im Himmel. Du hast die Welt geschaffen.
Du hast die Menschen gesegnet.
Sie kommen von dir, und sie erzählen von dir.
Gott, du hast alles Leben gemacht. Wir dürfen dich Vater nennen.
Du hast die Erde zu einem heiligen Ort gemacht.
Denn du bist selber auf die Erde gekommen.
Wenn wir Brot essen und aus dem Kelch trinken zu deinem Gedächtnis, dann bist du da.
Immer wieder und immer neu.
Du ziehst bei uns ein und heiligst uns – für alle Zeit.
Amen.

15. Sonntag nach Trinitatis

| Matthäus 6,25–34 | *Lilien auf dem Feld* |
| Galater 5,25–26; 6,1–3.7–10 | *Tragt die Last füreinander!* |

Matthäus 6,25–34

Jesus ermutigt die Menschen. Er hält eine Rede:

Habt Hoffnung für euer Leben. Essen, Trinken, Kleidung wird es schon geben. Im Leben geht es doch um mehr als um Essen, Trinken und Kleidung. Die Vögel leben einfach in den Tag hinein. Und Gott gibt ihnen trotzdem Essen und Trinken. Ihr seid doch wichtiger als Vögel! Wer von euch kann das eigene Leben selbst verlängern? Das kann nur Gott. Warum ist euch Kleidung so wichtig? Denkt an die Blumen auf dem Feld. Zum Beispiel an die Lilien. Sie stehen da und blühen einfach. Jeden Tag sind sie da. Ganz mühelos. Und trotzdem sind sie so schön.
Sie sind schöner als die Festkleider von König Salomo.
Gott ist selbst das Gras wichtig. Obwohl es morgen verbrennt. Und noch viel wichtiger als das Gras seid ihr für Gott. Deswegen: Seid ganz ruhig! Essen, Trinken, Kleidung wird es schon geben. Wer an Gott glaubt, für den sorgt er auch. Gott weiß, was ihr braucht. Lebt so, wie Gott es will. Dann bekommt ihr am Ende alles von Gott. Einfach so! Morgen kommt ein neuer Tag. Kümmert euch immer nur um Sorgen von heute.

Galater 5,25–26; 6,1–3.7–10

Paulus schreibt an eine Gemeinde in Galatien. Das ist eine Gegend in der Türkei.

Wir leben mit Gott. Sein Geist ist in unserem Leben. So verändert sich unser Leben. Alles, was wir tun, tun wir mit dem Geist von Gott. Wir achten darauf: Alle Menschen sind gleich gut. Wir halten uns nicht für besser als andere.
Ihr Lieben! Menschen machen Fehler. Wenn ein Mensch einen Fehler macht, dann helft ihm, es in Ordnung zu bringen. Seid freundlich dabei. Denn ihr habt den Geist von Gott.

Helft einander! So hat Jesus es gewollt. Dann leben wir richtig.
Manche versuchen, besser zu sein als andere. Sie halten sich für
besser. Das geht schlecht aus. Diese Menschen betrügen sich
selbst.

Gott durchschaut aber alle. Menschen säen etwas. Das ernten
sie auch. Einige Menschen erfüllen sich selbst alle Wünsche.
Diese Menschen verlieren alles.

Andere leben mit dem Geist von Gott. Die gewinnen alles.

Lebt mit dem Geist von Gott! Dann gewinnt ihr alles. Lebt, wie
Gott es will! Dann lebt ihr für immer.

Also: Tun wir Gutes! Jeden Tag, jede Stunde, jede Minute. Dann
schenkt Gott uns viel.

Noch einmal also: Tut allen Menschen Gutes! Und denen, die an
Gott glauben – denen besonders.

Fürbittengebet

O Gott!
Ein tiefer Seufzer. Sorgen plagen uns.
Machen uns das Leben schwer.
Jedes Lächeln ist verschwunden.
Gott, wir bringen unsere Sorge vor dich.
Bitte! Nimm sie an und trag mit!

O Gott!
Ein verzweifelter Ruf. Dunkle Gedanken quälen in der Nacht.
Wie geht es nur weiter?
Die schönen Dinge – wie sehen sie nicht mehr.
Gott, gib uns Hoffnung!
Bitte! Schenk uns Leichtigkeit und Lachen!

Mein Gott!
Wie schön! Kleine Dinge zaubern ein Lächeln.
Eine Blumenwiese, ein Sonnenstrahl, ein aufmunternder Blick.
Gott, sorg du für uns! Bitte! Dann wird das Leben leicht.
Amen.

Michaelistag

Offenbarung 12,7–12 | *Der Engel Michael kämpft gegen den Drachen*

Offenbarung 12,7–12

Im Himmel gibt es einen Kampf. Der Ober-Engel Michael und die anderen Engel kämpfen gegen den Drachen. Und sie besiegen den Drachen und seine Engel. Danach ist der Himmel frei von ihnen. Sie werfen den Drachen aus dem Himmel. Manche nennen diesen Drachen alte Schlange oder auch Teufel.
Der Teufel verführt die ganze Welt. Seine Engel auch.
Alle zusammen hat Gott rausgeschmissen.
Auf einmal ist eine große Stimme aus dem Himmel zu hören: Gott selbst kommt! Er hat die Macht! Er und Jesus Christus, der Sohn von Gott. Denn der teuflische Drache ist tot. Die Macht von dem Drachen ist zu Ende.
Michael und die anderen Engel haben gesiegt. Jesus Christus ist auf der Seite von Michael und den Engeln. Sie sind mutig gewesen. Und sie haben für die Wahrheit gekämpft.
Freut euch, ihr alle im Himmel!
Und: Fürchtet euch, ihr alle auf der Erde und im Meer!
Der teuflische Drache ist zu euch heruntergekommen. Er ist wütend, denn er weiß: Er hat wenig Zeit. Die will der Drache nutzen.

Fürbittengebet

Gott,
wir brauchen deine Nähe.
Schick uns deinen Engel:
Begleiter durch Tag und Nacht!

Gott,
uns fehlt der Mut.
Schick uns deinen Engel:
Schubse uns ins neue Leben!

Gott,
wir suchen den Weg.
Schick uns deinen Engel:
Zeig uns den Weg zu dir!

Gott,
wir sehnen uns nach Frieden.
Schick uns deinen Engel:
Gib uns den himmlischen Frieden schon hier auf der Erde!

Gott,
du verbindest Leben und Tod,
die Gegenwart und die Zukunft,
Hohes und Tiefes.
Schick uns deinen Engel:
Sie sind Zeichen für deine Liebe!

Amen.

16. Sonntag nach Trinitatis

Lukas 7,11–16 | *Jesus macht einen jungen Mann lebendig*

Hebräer 10,35–36(37–38) 39 | *Habt Vertrauen!*

Lukas 7,11–16

Jesus kommt in eine Stadt. Sie heißt Nain. Die Jünger von Jesus und viele Menschen folgen ihm.
Jesus kommt an das Stadttor. Ein Toter wird herausgetragen. Der Tote hat eine Mutter. Sie ist Witwe. Und sie hat nur diesen Sohn.
Viele Menschen aus der Stadt begleiten sie.
Jesus sieht die Frau. Er hat Mitleid. Jesus sagt zu ihr: Hör auf zu weinen!
Jesus kommt näher zu dem Sarg. Er berührt den Sarg.
Die Träger bleiben stehen. Und Jesus sagt: Junger Mann, ich sage dir: Steh auf!
Da richtet sich der Tote auf. Er beginnt zu sprechen. Und Jesus gibt ihn der Mutter zurück.
Alle fürchten sich. Sie loben Gott.
Sie sagen: Ein großer Prophet ist bei uns. Gott hilft seinem Volk.

Hebräer 10,35–36.39

Habt Vertrauen! Behaltet die Zuversicht! Dann ist der Lohn für euch groß.
Seid geduldig! Habt langen Atem! Dann könnt ihr tun, was Gott will. Von Gott bekommt ihr, was Gott versprochen hat.
So steht es in den Heiligen Schriften: Gott hat euch jemanden versprochen. Der kommt bald.
Wer glaubt und gerecht ist, der lebt. Wer aufgibt und zweifelt, von dem wendet Gott sich ab. (So steht es beim Propheten Habakuk im zweiten Kapitel.)
Wir aber bleiben dran. Wir vertrauen Gott. Wir gehören zu den Menschen, die glauben. Wir gewinnen das Leben.

Tagesgebet

Gott, du schenkst das Leben!
Du bist immer mitgegangen. Von Anfang an.
Schenk uns Vertrauen in dich.
Jeden Tag neu.
Damit wir lebendig bleiben.
Mit dir.
Für immer.
Amen.

17. Sonntag nach Trinitatis

| Jesaja 49,1-6 | *Über einen Diener für Gott* |
| Matthäus 15,21-28 | *Eine hartnäckige Frau* |

Jesaja 49,1-6

Ein Bote von Gott spricht zu allen Völkern. Er heißt auch Gottes-Knecht:

Hört mir zu, ihr Leute von den fernsten Inseln!
Passt auf: Ich sage euch etwas!
Schon im Bauch meiner Mutter hat der Herr mich berufen.
Noch vor der Geburt hatte ich schon einen Namen bei ihm.
Der Herr hat mir den Mund zu einem scharfen Schwert gemacht.
Er hat seine Hand schützend über mich gelegt.
Wie zu einem spitzen Pfeil hat er mich gemacht.
Der Herr hat mich für den rechten Moment aufgehoben.
Und er hat zu mir gesagt: Du bist mein Vertrauter!
Du heißt jetzt Israel.
Ich bin groß und mächtig.
Das soll man an dir erkennen.
Ich aber habe Kraft verschwendet. Völlig sinnlos.
Trotzdem bin ich mit Gott im Reinen.
Und meinen Lohn erhalte ich von ihm.
Und jetzt spricht der Herr mich als Vertrauten an.
Er sagt zu mir: Bring die Kinder von Jakob zu mir zurück.
Und ruf das Volk Israel zu mir.
Also bin ich beim Herrn etwas wert.
Und darum gibt Gott mir Kraft.
Und der Herr sagt zu mir: Das ist noch zu wenig.
Du richtest die Nachfahren von Jakob wieder auf.
Das musst du tun.
Und du bringst die Geretteten wieder zurück.
Darüber hinaus mache ich dich zum Licht für alle anderen Völker.
Bis ans Ende der Erde bringst du Hilfe. Durch mich.

Matthäus 15,21-28

Jesus ist am See Genezareth.
Dann zieht er sich zurück. Es ist die Gegend von Tyrus und Sidon.
Die Städte liegen nördlich von Israel.

Dort lebt eine Frau. Sie kommt zu Jesus.
Sie schreit: Ach Herr, Sohn von David!
Ich bitte dich, hab Mitleid mit mir! Ein böser Geist quält meine Tochter.
Jesus schweigt.
Einige Jünger bitten ihn: Hilf ihr doch!
Ihr Geschrei macht sonst alle (auf uns) aufmerksam.
Aber Jesus entgegnet: Ich kümmere mich nur um die verirrten Schafe in Israel.
Dazu bin ich gekommen.
Aber die Frau kommt noch einmal. Jetzt fällt sie vor Jesus nieder und fleht: Herr, hilf mir!
Jesus antwortet: Soll ich den Kindern das Brot wegnehmen? Und es den Hunden vorwerfen?
Darauf sagt die Frau: Vielleicht. Aber unter den Tisch fallen Krümel. Und die fressen die Hunde.
Da antwortet Jesus: Frau, du hast viel Vertrauen.
Ich will deine Bitte erfüllen!
In diesem Moment wird die Tochter von der Frau gesund.

Abendmahlsgebet I

Großer Gott, wir können über dich nur staunen.
Dein Erbarmen ist größer, als wir fassen können.
Deine Liebe bleibt ein Geheimnis.
Sie liegt nicht in unserer Hand.
Du schickst uns deinen Sohn.
Wir sagen Dank für den, der uns Heilung und Erlösung bringt.

Einsetzungsworte

Abendmahlsgebet II

Herr, wir bitten dich, sende uns deinen Geist.
Sei jetzt mitten unter uns,
wenn wir die Gaben von Jesus sehen, schmecken und miteinander teilen.
Amen.

18. Sonntag nach Trinitatis

Exodus 20,1-17 | *Zehn Gebote*
Markus 10,17-27 | *Reichtum oder Leben wie Jesus*

Exodus 20,1-17

Gott sagt diese Worte zu Mose und zum Volk Israel:
Ich bin der Herr. Ich bin Gott für dich. Ich habe dich aus Ägypten geführt. Aus Knechtschaft in die Freiheit.
Du sollst glauben und vertrauen: Ich bin der eine und einzige Gott für dich. Bete nur zu mir. Diene nur mir. Denn ich, der Herr, dein Gott, bin schnell eifersüchtig. Wenn du zu anderen Göttern gehst, bestrafe ich dich. Aber es geht noch weiter: Ich bestrafe auch deine Kinder und Enkel und Urenkel.
Hasst mich jemand? Den bestrafe ich. Liebt mich jemand? Zu dem bin ich freundlich und gütig. Liebt mich! Es lohnt sich. Benutzt meinen Namen nur, wo es stimmt. Sonst bestrafe ich euch.
Den Ruhetag sollst du ehren. Die anderen sechs Tage sollst du arbeiten. Da tust du alles Nötige.
Aber am siebenten Tag ist der Tag von Gott. Da sollst du ruhen. Auch das Haus von dir: Sohn und Tochter, Knecht und Magd. Alle ruhen. Auch die Tiere von dir. Auch die fremden Arbeiter, die in der Stadt sind, ruhen. Denn in sechs Tagen hat Gott Himmel und Erde gemacht und das Meer und die Fische. Am siebten Tage hat Gott ausgeruht. Darum hat er den siebten Tag gesegnet. Er hat ihn Sabbat genannt. Das heißt Ruhe. Das ist ein ganz besonderer Tag.
Du hast Vater und Mutter. Achte und ehre sie. Dann lebst du lange.
Du sollst alle Menschen leben lassen.
Du sollst die Ehe von anderen Menschen ehren und achten. Die Partner gehören zusammen.
Andere Menschen besitzen etwas. Das sollst du achten. Es gehört ihnen. Neid führt ins Unglück.
Du sollst gut und richtig über andere Menschen reden.

Du sollst das Haus von deinem Nachbarn achten. Es gehört ihm.
Du sollst die Frau, die Familie, alles, was zum Nachbarn gehört,
ehren. Es gehört ihm.

Markus 10,17–27

Jesus geht nach draußen. Da kommt ein junger Mann zu ihm.
Er kniet vor Jesus nieder und fragt: Guter Lehrer, ich möchte
ewig leben. Was muss ich dafür tun?
Jesus antwortet ihm: Warum nennst du mich gut? Nur Gott allein ist gut. Du kennst die Gebote von Gott:
Du sollst das Leben schützen!
Du sollst deinem Lebenspartner treu bleiben.
Du sollst unterscheiden: Wem gehört was? Stehlen ist verboten!
Du sollst die Wahrheit sagen. Du sollst andere in Frieden lassen.
Und alles, was ihnen gehört, auch.
Du sollst deinen Eltern mit Respekt begegnen.

Der junge Mann sagt zu Jesus: So habe ich es von Kind auf gemacht.
Jesus sieht ihn an. Er hat ihn lieb.
Jesus sagt: Du hast alles, bis auf eines: nämlich einen Schatz im
Himmel. Geh los! Verkauf alles, was du hast! Gib es den Armen.
Dann komm zu mir und folge mir (nach).
Der andere Mann ist sehr reich. Jesus hat etwas von ihm gefordert. Das macht den Mann traurig.
Jesus sieht sich um zu den Freunden.
Jesus sagt: Der Reiche will in den Himmel kommen. Das ist besonders schwer für ihn.
Aber auch die Freunde von Jesus haben Angst. Jesus hat über
den Reichen gesprochen. Aber auch für sie ist das hart.
Da sagt Jesus zu ihnen: Ihr wollt in das Reich von Gott kommen?
Ein großes Kamel will durch ein kleines Nadelöhr steigen. Das
ist schon schwer.
Ein reicher Mann will in das Reich von Gott kommen. Das ist
noch viel schwerer!
Die Freunde bekommen noch mehr Angst.
Einer fragt den anderen: Wie kann man denn überhaupt glücklich werden an Leib und Seele?
Jesus sagt zu ihnen: Menschen fehlt viel dazu. Aber Gott kann
das machen. Bei Gott ist alles möglich.

Schuldgebet

Gott,
du hast gesagt, wie das geht: miteinander leben.
Du hast gesagt, was gut ist. Wir versuchen es zu tun.
Wir scheitern oft daran. Bitte vergib uns.
Fange mit uns neu an.

Gott,
du hast gesagt, wie Leben mit dir geht.
Du hast gesagt, was heilig ist. Wir versuchen es zu tun.
Wir vergessen dich oft. Bitte vergib uns.
Fange mit uns neu an.

Gott,
du hast gesagt: du vergibst uns.
Das hoffen wir.
Darauf vertrauen wir.
Das hält uns.
Amen.

Erntedank

Jesaja 58,7-12 | *Gebt den Hungrigen zu essen*
Lukas 12,15-21 | *Reicher Bauer*

Jesaja 58,7-12

So spricht Gott:

Ladet die Hungrigen ein an euren Tisch.
Nehmt Obdachlose und Menschen ohne Haus bei euch auf.
Gebt denen Kleider, die in Lumpen herumlaufen.
Menschen brauchen Hilfe. Seid für sie da!
Dann strahlt für euch das Glück wie die Morgensonne.
Die Wunden von euch heilen schnell.
Jeder erzählt: Ihr habt Gutes getan.
Und der Licht-Glanz von mir folgt euch und schützt euch.
Ihr ruft zu mir. Ich antworte euch.
Ihr schreit um Hilfe. Und ich sage:
Ich bin Gott für euch. HIER BIN ICH.
Deshalb:
Hört auf, andere zu unterdrücken.
Hört auf, mit dem Finger auf sie zu zeigen.
Redet gut über andere Menschen.
Gebt den Hungernden zu essen.
Helft denen, die in Not sind.
Tut das! Dann ist es hell für euch im Leben.
Ich führe euch immer und überall hin.
Sogar in der Wüste mache ich euch satt und gebe euch Kraft.
Ihr seid wie ein Garten. Immer Wasser!
Ihr seid wie eine frische Quelle. So sprudelt ihr!
Die Trümmer der zerstörten Stadt baut ihr auf.
Auf den alten Grundmauern stellt ihr alles wieder her.
Die anderen sagen: Was für ein Volk! Es schließt die Stadt-Mauer.
Das Volk macht die Stadt wieder bewohnbar!

Lukas 12,15–21

Jesus wendet sich den Menschen zu und sagt:
Nehmt euch in acht! Passt auf! Ihr hängt viel zu oft an Besitz.
Mit eurem ganzen Herzen. Aber der Wert von einem Menschen ist ein anderer.
Jesus erzählt den Leuten dazu ein Gleichnis, eine Beispiel-Geschichte:
Ein reicher Mann hat viele Felder. Sie bringen ihm eine gute Ernte. Deshalb überlegt er: Was mache ich damit? Wo bringe ich das Korn nur alles unter? Schließlich denkt er: Ich reiße meine alten Scheunen ein und baue größere.
Dort bringe ich mein ganzes Getreide und meine Vorräte unter. Dann sage ich mir: Du hast es geschafft! Du hast einen großen Vorrat. Das reicht jetzt für viele Jahre. Mach Pause. Gönn dir Ruhe! Iss und trink und genieße das Leben.
Da sagt Gott zu ihm: Du dummer Mensch! Noch heute Nacht ist es mit dir zu Ende. Wem gehört dann der ganze Reichtum von dir?
Am Ende sagt Jesus: Manche wollen immer mehr besitzen. Sie sind gierig danach. Aber Gott macht die eigentlichen Geschenke. Das ist viel besser.

Abendmahlsbetrachtung

Wie reich ist unser Leben!
Wir haben so viel:
Essen und Trinken, Kleider und Schuhe,
ein Dach über dem Kopf,
eine Familie und Verwandte, Freundinnen und Freunde …
Dankbar empfangen wir das alles.
Auch Brot und Trauben.
Gott schenkt sie uns.
Wir dürfen sie genießen und uns daran freuen.
Das beschenkt uns auch,
wenn wir jetzt gemeinsam Abendmahl feiern.
So wie Jesus es getan hat, als er zum letzten Mal mit seinen Freunden zusammen war.

Einsetzungsworte

Es ist Nacht. Jesus sitzt mit seinen Freunden am Tisch.

Er feiert mit ihnen das Abendmahl.
Er nimmt das Brot und bricht es. Er dankt Gott und sagt:
Nehmt und esst. Das bin ich + für euch.
Danach nimmt er den Becher. Er dankt Gott und sagt:
Nehmt und trinkt. Das bin ich + für euch.
Das bin ich für alle (Menschen).
So könnt ihr (ewig) leben.
Das sollt ihr immer wieder tun. Erinnert euch an mich.

Abendmahlsgebet

Danke, Jesus, dass du uns einlädst an deinen Tisch.
Wir möchten spüren: Du bist da.
Wir möchten erleben: So ist Gemeinschaft.
Komm, Heiliger Geist, mach unsere Herzen weit
für den Geschmack deiner Liebe.
Mach uns bereit, sie mit anderen zu teilen.

Dankgebet

Lieber Vater im Himmel,
an deinem Tisch haben wir geschmeckt,
wie himmlisch gut du bist.
Wir danken dir dafür!
Bleib bei uns mit deinem Segen.
Wir wollen ihn gerne mit anderen teilen.
Heute und immer.
Amen.

19. Sonntag nach Trinitatis

Exodus 34,4-10 | *Der Bund von Gott mit dem Volk*
Markus 2,1-12 | *Jesus heilt einen Gelähmten*

Exodus 34,4-10

Mose haut zwei Scheiben aus einem Stein heraus. Das sind Stein-Tafeln. Er macht das zum zweiten Mal. Die ersten Stein-Tafeln hat Mose zerbrochen.

Mose steht früh am Morgen auf. Er steigt auf den Berg Sinai. Das hat ihm Gott befohlen. Die beiden Stein-Tafeln trägt er in der Hand.

Gott kommt auf den Berg in einer Wolke. Mose kommt zu Gott hin und ruft ihn an: Herr, Herr, Gott, barmherzig und gnädig und von großer Gnade und Treue. Mose sagt zu Gott: Du bist gnädig zu Tausenden Menschen. Du vergibst, was sie tun. Du strafst trotzdem. Menschen haben etwas getan. Du merkst es dir. Großeltern und Urgroßeltern haben etwas getan? Du merkst dir auch das.

Mose beugt sich zur Erde und betet Gott an. Er sagt: Siehst du mich, Gott? Bist du mir gnädig? Dann komm zu uns. Komm zu deinem Volk. Das Volk ist bockig. Vergib uns alles, was wir getan haben. Lass uns zu dir gehören.

Gott sagt: Hört zu. Ich verbinde mich mit euch. Ich nenne das Bund. Ich tue Wunder für euch. Ihr seht das bald. Denn das sind besondere Wunder. Die tue ich nur für euch. Bald merken das alle. Ich tue etwas für euch. Und das ist wunderbar.

Markus 2,1–12

Jesus kommt wieder in die Stadt Kapernaum. Das spricht sich schnell herum. Viele Menschen versammeln sich in einem Haus. Sie stehen auch vor der Tür. So viele sind es. Jesus predigt zu ihnen.

Ein Gelähmter wird von vier Männern zu Jesus getragen. Der Gelähmte liegt in einem Bett. Die Menschen stehen um das Haus herum. Einige decken das Dach ab. Sie lassen den Gelähmten in seinem Bett zu Jesus hinunter. Jesus sieht: Die Menschen glauben sehr stark. Jesus sagt zu dem Gelähmten: Du bist wie ein Sohn für mich. Ich vergebe dir deine Schuld. Alles Böse, was du getan hast.

Das hören einige Schrift-Gelehrte. Sie denken bei sich: Wie kann Jesus das sagen? Er lästert Gott. Nur Gott allein kann Schuld vergeben. Jesus kennt die Gedanken von den Schrift-Gelehrten. Jesus sagt zu ihnen: Warum denkt ihr so? Was ist leichter? Dem Gelähmten Sünden zu vergeben? Oder ihm zu sagen: Steh auf, nimm dein Bett und geh? Ihr sollt aber sehen: Der Menschen-Sohn kann Schuld vergeben.

Und Jesus sagt zu dem Gelähmten: Ich sage dir: Steh auf, nimm dein Bett und geh! Der Gelähmte steht auf. Er nimmt das Bett. Er geht hinaus. Alle erschrecken darüber. Sie preisen Gott. Sie sagen: So etwas haben wir heute zum ersten Mal gesehen.

Eröffnung

Manche Türen sind verschlossen.
Dann braucht es neue Wege.
Jesus überwindet Mauern.
Er öffnet Dächer.
Er lässt Menschen frei atmen.
Davon wollen wir hören.
Das wollen wir feiern.
Der Friede Gottes sei mit euch allen!

Tagesgebet

Gott, du kennst uns.
Du bist treu.
Du liebst Menschen.
Sie kommen von dir.
Wir bitten dich,
steh uns bei in allen Zweifeln.
Schenk uns deine Liebe.
Erfülle uns mit deiner Hoffnung.
Damit wir glauben können.
Durch Jesus bist du uns nahe,
immer neu.
Amen.

20. Sonntag nach Trinitatis

Genesis 8,18–22 | *Der Bund von Gott mit Noah*
2. Korinther 3,3–9 | *Ein Brief von Gott*

Genesis 8,18–22

Die große Flut ist zu Ende. Das Wasser ist abgeflossen.

Noah und die ganze Familie gehen hinaus. Sie verlassen mit allen Tieren die Arche. Das ist ein großes Schiff aus Holz. Noah baut einen Altar für Gott. Noah opfert Vögel und Rinder für Gott. Gott freut sich über das Opfer. Er riecht den Duft. Gott sagt: Ab jetzt ist die Erde sicher. Menschen sind zwar böse. Von Anfang an. Aber Menschen leben auf der Erde. Alles auf der Erde bleibt am Leben. Solange die Erde steht, gilt: Es gibt für immer Saat und Ernte, Frost und Hitze. Immer wieder wird es Sommer und Winter. Tag und Nacht gibt es für immer.

2. Korinther 3,3–9

Paulus schreibt an eine Gemeinde in der Stadt Korinth. Paulus ist früher einmal in Korinth gewesen. Er hat der Gemeinde viel von Gott und Jesus erzählt. Paulus macht einen Vergleich. Er vergleicht die Menschen in der Gemeinde mit einem Brief. Paulus schreibt:

Ihr seid wie ein Brief. Ein Brief von Gott selbst an alle Menschen. Denn ihr habt den Geist von Gott in euch. Andere Menschen bemerken diesen Geist in euch. Ihr seid wie ein Brief für sie. Sie lesen in ihm.
Paulus schreibt an die Korinther: Das weiß ich von Jesus Christus. Gott selbst hat mich zum Helfer von ihm gemacht. Damit der Geist von Gott in den Menschen leben kann. Denn der Geist von Gott belebt jeden Menschen.
Paulus erinnert sich an Mose. Mose war auch ein Helfer für Gott. Das war lange bevor Jesus gelebt hat. Die Menschen haben Mose verehrt. Er hat ihnen sehr geholfen. Und er hat ihnen das Gesetz von Gott für das Leben gegeben. Das ist ein Vertrag zwischen Gott und den Menschen.

Es ist ein guter Vertrag. Das Leben von Jesus ist jetzt wie ein neuer Vertrag. Die Menschen bekommen den Geist von Gott. Der ist in euch. So seid ihr ein Brief von Gott an die Menschen. Das ist eine wunderbare Aufgabe.

Tagesgebet

Gott!
Du schickst uns in die Welt!
Wie Briefe sind wir. Damit wir von dir erzählen:
Von deinen Wundern, deiner Freundlichkeit, deiner Liebe.
Das geht nur mit deinem Geist.
Dann glauben wir es selbst.
Dann glauben uns andere.
Amen.

21. Sonntag nach Trinitatis

Jeremia 29,1.4–7.10–14 | *Sorgt für die Stadt*
Johannes 15,9–12 (13–17) | *Liebt einander*

Jeremia 29,1.4–7.10–14

Viele Einwohner aus Jerusalem sind verschleppt worden. Sie leben in einem fremden Land. In Babel. Der König dort heißt Nebukadnezar.
Der Prophet Jeremia ist in der Stadt Jerusalem geblieben. Er schickt einen Brief an die Ältesten, an die Priester und Propheten und an das ganze Volk. König Nebukadnezar hat das Volk von Jerusalem nach Babel weggeführt. In dem Brief heißt es:

Der Gott von Israel spricht zu den Vertriebenen. Gott sagt: Nebukadnezar hat euch von Jerusalem nach Babel weggeführt. Ich habe es zugelassen. Jetzt sollt ihr dort leben: Baut Häuser. Und wohnt darin. Pflanzt Gärten. Und esst Früchte aus den Gärten. Nehmt euch Frauen und bekommt Söhne und Töchter. Auch eure Söhne und Töchter heiraten dann. Sie bekommen Kinder. Vermehrt euch immer weiter! Ich habe euch dorthin wegführen lassen. Aber achtet darauf: Sorgt für die Stadt. Betet für sie. Dann geht es euch gut. Und der Stadt auch.
So spricht Gott: In 70 Jahren erfülle ich meine Zusage. Ich bringe euch von Babel nach Hause zurück. Dann kommt ihr wieder nach Jerusalem. Ich habe Pläne für euch.
So spricht Gott: Ich bringe euch Frieden und Heil. Hofft auf eine gute Zukunft! Betet zur mir und schickt mir eure Bitten! Dann erhöre ich euch auch. Sucht mich von ganzem Herzen! Dann findet ihr mich auch.
So spricht Gott: Ich helfe euch. Ich bringe euch von überall wieder nach Hause.

Johannes 15,9-12 (13-17)

Jesus sagt zu seinen Freunden: Gott ist mein Vater. Er liebt mich. Genauso liebe ich euch.
Bleibt in meiner Liebe. Hört auf mich. Dann bleibt ihr in meiner Liebe. Genauso mache ich das auch. Ich höre auf den Vater. Und ich bleibe in seiner Liebe.
Das sage ich euch. Seid so froh wie ich! Freut euch sehr. Mit vollkommener Freude.
Das ist mein wichtigstes Gebot: Liebt einander! So wie ich euch geliebt habe.
(Das ist die größte Liebe: Wenn einer sein Leben für seine Freunde gibt. Ihr gehört zu mir. Ihr seid meine Freunde.)

Fürbitten

Gott, du willst das Beste für die Stadt.
Und für die Menschen darin.
Für lebenswerte Städte bitten wir dich.
Für Menschen, Tiere und Pflanzen darin.
Wir bitten dich: Hör uns an.

Gott, du liebst Menschen.
Und deshalb lieben Menschen einander.
Das bist alles du.
Lass die Gemeinden Orte sein für Liebe und Unterstützung.
Wir bitten dich: Hör uns an.

In der Stille bringen wir unsere Lieben vor dich.
Stille.
Amen.

22. Sonntag nach Trinitatis

Micha 6,3.8 | *Nur eins ist wichtig: Gottes Wort*
Matthäus 18,21–35 | *Vergebt einander*

Micha 6,3.8*

Micha ist ein Prophet. Micha spricht mit den Leuten. Er erzählt ihnen von Gott. Er redet sie an – jede und jeden einzeln:

Hört zu! Gott redet!
Gott streitet sich mit seinem Volk. Gott klagt sein Volk an. Gott fragt: Was habe ich euch getan? Was werft ihr mir vor? Sagt es doch! Ich habe euch aus Ägypten herausgeführt. Die Geschwister Mose, Aaron und Mirjam haben euch geführt. Nun seid ihr frei.
Hör zu, Mensch! Nur eins ist wichtig. Gott will es so: Halte dich an Gottes Wort. Liebe die anderen Menschen. Sei bescheiden und diene Gott.

Matthäus 18,21–35

Petrus stellt Jesus eine Frage: Wie oft muss ich meinem Bruder vergeben? Sind siebenmal genug? Jesus antwortet ihm: Das ist viel zu wenig.
Jesus macht einen Vergleich: Das Reich im Himmel ist wie ein König. Der König rechnet mit seinen Knechten ab. Einer schuldet ihm sehr viel Geld. Zehntausend Zentner Silber. Das ist viel zu viel für den Schuldner.
Der König befiehlt ihm: Verkauf alles! Sogar deine Frau und deine Kinder, deinen ganzen Besitz. Dann kannst du deine Schulden bezahlen. Der Knecht fällt dem König zu Füßen. Hab doch Geduld mit mir! Ich bezahle dir alles. Da hat der König tatsächlich Mitleid. Er lässt den Knecht frei und erlässt ihm sogar seine Schuld. Der Knecht geht als freier Mann hinaus.
Der Knecht trifft einen Kollegen. Der schuldete ihm hundert Silbergroschen. Der Knecht packt den Kollegen und würgt ihn. Und sagt: Du schuldest mir Geld! Bezahl das! Sofort! Der Kollege

sinkt auf die Knie. Er bittet: Hab doch Geduld mit mir! Ich bezahle dir alles. Aber der Knecht weigert sich. Er lässt den anderen sofort ins Gefängnis werfen. Weil er die Schulden wiederhaben will.
Die anderen Knechte sehen das. Sie sind traurig. Die anderen Knechte gehen zum König und erzählen ihm die ganze Geschichte.
Der König ruft den Knecht und sagt: Was für ein schlechter Mensch bist du! Du hast mich gebeten. Da habe ich dir deine große Schuld erlassen. Und was machst du? Hab Mitleid mit deinem Schuldner! Der König ist sehr wütend. Er übergibt den Knecht den Folterern. Damit er die Schuld bezahlt.
Jesus sagt zu Petrus: Mein himmlischer Vater ist genauso. Deshalb ist es wichtig: Vergebt einander! Von ganzem Herzen!

Tagesgebet

Gott, du bist ewig und weise.
Und wir sind deine Kinder.
Wir bitten dich: Kräftige uns auf dem Weg zu dir.
Immer wieder schickst du deine Boten.
So leben wir frei.
Amen.

23. Sonntag nach Trinitatis

Matthäus 22,15–22 | *Steuern für den Kaiser*
Römer 13,1–7 | *Regeln und Gesetze*

Matthäus 22,15–22

Die strengen Lehrer kommen zusammen. Sie beraten sich. Sie wollen Jesus durch falsche Worte von ihm in eine Falle locken. Deshalb schicken sie Leute zu Jesus. Die strengen Lehrer schicken auch die Anhänger von König Herodes. Der ist ein Feind von Jesus.

Die Herodes-Leute sagen zu Jesus: Rabbi, wir wissen: Du bist ehrlich. Du lehrst den Weg zu Gott. So ist es richtig. Du hörst nur auf ihn. Das ist für dich das Wichtigste. Deshalb antworte uns auf diese Frage: Soll man dem Kaiser Steuern zahlen?

Jesus merkt: Mit dieser Frage stellen sie ihm eine Falle. Deshalb antwortet er: Ihr üblen Menschen, warum stellt ihr solche Fragen? Zeigt mir ein Geldstück! Die anderen geben ihm einen Silber-Groschen. Jesus sagt zu ihnen: Da ist ein Bild drauf. Darauf ist etwas geschrieben. Wen zeigt das Bild? Was steht da? Sie sagen zu ihm: Das Bild zeigt den Kaiser.

Jesus sagt: Dem Kaiser gehört etwas. Gebt ihm das. Und Gott gehört etwas. Das gebt Gott. Die Leute hören das. Sie wundern sich. Das Gespräch mit Jesus ist zu Ende.

Römer 13,1–7

Die Ordnung ist für alle da. Jeder ordnet sich unter. Das ist richtig so. Es gibt Regeln in der Welt. Gott will diese Regeln. Gott hat diese Regeln gemacht. Ist jemand gegen diese Regeln? Dann ist er gegen Gott. Dann ist er im Unrecht. Er verurteilt sich selbst. Tut jemand Gutes? Dann kann er auch Gutes erwarten. Tut jemand Böses? Dann muss er sich fürchten.
Also: Tut Gutes. Die Regeln in der Welt helfen dir dabei. Diese Regeln und Gesetze dienen Gott.
Das ist auch für dich. Fürchte dich zu Recht. Die weltliche Macht straft. Sie dient Gott. Füg dich ein in Ordnungen. Ordne dich unter! Das ist nötig für das eigene Gewissen. Zahlt Steuern! Auch diese Steuern dienen Gott. Sie haben nur diese Aufgabe. Gebt jedem das Passende. Die Steuer für die Steuer-Leute. Die Zoll-Gebühr für die Gebühren-Einsammler. Fürchtet die einen. Ehrt die anderen. So ist es richtig.

Fürbitten

Gott, wir bitten dich für das Land, in dem wir leben.
Hilf den Menschen in Verantwortung.

Gott, wir bitten dich für alle, die mutig Unrecht bekämpfen.
Du bist bei ihnen. Es soll gerecht zugehen. Das willst du!

Gott, wir bitten dich für alle, die dir dienen.
Du liebst die Schwachen. Dein Herz schlägt für die Armen.
Du machst die Kleinen groß.

Gott, wir bitten dich für uns.
Wenn wir verantwortlich sind.
Wenn wir mutig sind.
Wenn wir dich rufen.
Höre uns!
Amen.

Reformationstag

Matthäus 5,2–10 (11–12) | *Seligpreisungen*
Römer 3,21–28 | *Gott vergibt*

Matthäus 5,2–10

Jesus steht auf einem Berg. Er spricht zu allen. Er nennt die Leute selig. Das bedeutet so viel wie glücklich. Oder gesegnet. Oder ausgezeichnet.

Selig sind Menschen in Not. Bald sind sie getröstet.
Selig sind sanftmütige Menschen. Sie haben einander im Blick. Sie trauen einander etwas zu. Sie sorgen für die Erde. Wenn es so weit ist.
Selig sind Menschen mit Sinn für Gerechtigkeit. Sie sehnen sich nach Gerechtigkeit. Das ist wie Hunger und Durst: Sie brauchen Gerechtigkeit zum Leben. Bald sind sie satt.
Selig sind barmherzige Menschen. Sie fühlen mit anderen. Ein Mensch leidet Not. Diese Menschen bleiben stehen und helfen. Bald erleben diese Menschen dann auch Barmherzigkeit.
Selig sind ehrliche Menschen. Sie sprechen mit dem Herzen. Die Herzen von diesen Menschen sind offen. Man kann hineingucken wie durch ein Fenster. Bald sehen diese Menschen Gott.
Selig sind friedfertige Menschen. Sie suchen den Frieden. Bald haben sie einen besonderen Namen: Kinder von Gott.
Selig sind verfolgte Menschen. Andere bedrohen sie. Denn sie gehören zu Gott. Und deshalb kommen sie auch zu Gott. In das Reich im Himmel. Das ist ganz nah bei ihm. Und das ist für immer.

Römer 3,21-28

Paulus schreibt an die Gemeinde in Rom. Paulus erzählt von Gott.

Gott ist gerecht. Das haben wir immer wieder erlebt. Schon die Propheten haben erzählt: Gott ist gerecht. Propheten hören die Stimme von Gott. Deshalb erzählen sie auch von ihm. Und auch im jüdischen Gesetz steht: Gott ist gerecht.
Die Gerechtigkeit von Gott ist etwas Besonderes. Sie gehört zum Glauben an Jesus Christus.
Wir sind alle Menschen. Menschen tun immer auch Schlimmes. Das gehört zu uns Menschen. Wir leben. Wir werden schuldig. Aber Gott ist trotzdem gnädig. Er ist großzügig. Er nimmt die Schuld weg von uns. So macht er uns gerecht. Denn Christus ist von Gott gekommen. Er ist ein Mensch geworden. Und er ist grausam umgebracht worden.
Auf diese Weise hat Gott uns vergeben. Weil Christus alles auf sich genommen hat. Das tut er auch weiter. Auch nach seinem Tod.
Gott vergibt weiter. Auch noch nach dem Tod von Jesus Christus.
Menschen glauben an Gott. Dann vergibt Gott ihnen. Das schenkt Gott den Menschen. Und das ist dann Gnade.

Fürbitten

Gott, wir bitten dich für Menschen, die verfolgt werden.
Aus Glauben sind sie auf der Flucht.
Wegen ihrer Überzeugungen.
Gib ihnen Schutz! Hilf ihnen beim Ankommen!

Gott, wir bitten dich für Menschen, die im Gefängnis sind.
Das Recht von dir ist stärker als Mauern und Gitter.

Gott, wir bitten dich für Menschen mit seelischen Erkrankungen.
Hoffnung und Liebe kommen von dir.
Schenk Menschen Vertrauen.

Gott, du hilfst uns. Du siehst uns, wie wir sind.
Du siehst unser Herz, unsere Seele.
Auf dich können wir hoffen.
Danke.
Amen.

24. Sonntag nach Trinitatis

Markus 1,21–28 | *Jesus in Kapernaum*
1. Korinther 9,16–25 | *Paulus ist frei*

Markus 1,21–28

Jesus geht mit den Freunden in die Stadt Kapernaum. Sie kommen an. Der Ruhetag Sabbat beginnt. Jesus geht in die Synagoge. Dort treffen sich glaubende Menschen zum Beten. Jesus erzählt den Menschen von Gott. Die Menschen dort bekommen Angst. Sie merken: Die Kraft und die Wahrheit von Jesus kommen von Gott. Sie sind größer als die Macht und Wahrheit von den anderen Lehrern.
In der Synagoge ist ein Mann mit einer kranken Seele. Manche denken: Es ist ein böser Geist in ihm. Der Mann schreit: Was willst du von uns, Jesus aus der Stadt Nazareth? Willst du uns kaputt machen? Du bist doch der Heilige von Gott! Jesus droht dem Geist und sagt: Halt den Mund! Geh weg von dem Mann! Der böse Geist kämpft in dem Mann gegen die Kraft von Jesus. Der Mann schreit immer weiter. Schließlich verschwindet der Geist aus dem Mann.
Die Menschen haben das gesehen. Sie bekommen Angst. Sie fragen: Was ist das für eine Kraft? Diese Macht kommt von Gott. Manche Geister machen die Seele krank. Selbst diese Geister kann Jesus besiegen. Die Menschen erzählen die Geschichte weiter. In Galiläa und in der Umgebung. Alle sagen es weiter.

1. Korinther 9,16–25

Paulus schreibt an die Gemeinde in Korinth:

Das Evangelium ist die gute Nachricht von Gott. Ich erzähle allen davon. Das muss ich tun. Gott hat mir diese Aufgabe gegeben. Ich bin frei von allen anderen Auftrag-Gebern.
Ich verzichte auf jeden Lohn dafür. Wichtig ist mir: Ich erzähle allen davon. Dann bin ich froh. Ich bin frei von allen Auftrag-Gebern. Menschen hören mir zu. Von denen bin ich abhängig. Für diese Menschen spreche ich.
Ich will so viele wie möglich überzeugen. Deswegen rede ich zu Juden wie ein Jude. Ich befolge die Gesetze von den Juden. Manche glauben: So kommen sie zu Gott. Ich glaube inzwischen etwas anderes. Aber ich will sie weiter überzeugen.
Andere leben völlig ohne die Gesetze. Denen passe ich mich auch an. Ich will sie auch überzeugen. Das mache ich. Obwohl für mich vor Gott das Gesetz von Christus gilt.
Für Schwache bin ich schwach. Denn ich will die Schwachen überzeugen. Die gute Nachricht von Gott ist so wichtig. Deshalb mache ich das. Denn die gute Nachricht ist wahr! Auch für mich!

Abendmahlsgebet

Gott, du bist zeitlos!
Wir kommen zu dir.
Zeit mit dir ist uns heilig.

Gott, du bist zeitlos!
Unser Leben hat Anfang und Ende.
Unser Leben ist Zeit mit dir. Die ist uns heilig.

Gott, du bist zeitlos!
Du bist bei uns. Immer und ewig.
Frühling, Sommer, Herbst, Winter.

Alle Zeit kommt von dir.
Gott, du bist heilig, heilig, heilig!
Amen.

Drittletzter Sonntag des Kirchenjahrs

Hiob 14,1-6 | *Der Mensch verwelkt wie eine Blume*
Lukas 17,20-29 | *Mitten unter euch ist das Reich von Gott*

Hiob 14,1-6

Hiob kämpft mit Gott. Er sagt:

Der Mensch wird geboren. Er lebt kurze Zeit. Er findet keine Ruhe. Der Mensch blüht auf wie eine Blume. Und verwelkt. Er huscht vorbei wie ein Schatten. Er muss gehen.
Du aber siehst nach ihm. Du beobachtest ihn. Du bildest dir ein Urteil. Was erwartest du von ihm? Er ist doch nur ein Mensch! Du bestimmst die Tage von dem Menschen. Die Lebensjahre hast du festgelegt. Sieh weg von ihm! Damit er Ruhe hat. Dann bekommt er irgendwann auch den Lohn dafür.

Lukas 17,20-29

Jesus kennt viele Pharisäer. Sie nehmen die Gebote von Gott sehr ernst.

Die Pharisäer fragen Jesus: Wann kommt das Reich von Gott? Er antwortet ihnen: Gott bringt die Herrschaft über die Welt. Das beobachtet ihr. Ihr rechnet nach. Wann und wo kommt Gott? Aber das ist falsch.
Ihr wollt äußere Zeichen sehen. Ihr wollt sagen: Schau hin – hier ist das Reich von Gott! Oder: Dort ist es! – Das ist falsch. Gott kommt anders. Das Reich von Gott ist schon mitten unter euch.
Zu den Freunden sagt Jesus: Ihr wartet sehnsüchtig auf den Menschen-Sohn. Der bringt das Reich von Gott. Darauf wartet ihr. Manche sagen dann: Dort kommt der Menschen-Sohn! Oder da! Es wird viel geredet. Bleibt fest. Denn: Er kommt. Und dann ist es offensichtlich.
Vorher aber muss der Menschen-Sohn viel leiden. Die Leute verstoßen ihn.

Ihr kennt die Geschichte von Noah und dem großen Schiff. Die Leute hatten Gott aus ihrem Leben verstoßen. Sie haben nur an sich selbst gedacht. Sie haben gegessen, getrunken, geheiratet. Dann ist die große Flut gekommen, die Sintflut. Alle sind gestorben. Die Flut hat sie ertränkt. Nur Noah hatte sich vorbereitet. Noah hat auf Gott gehört. Er hat ein großes Schiff aus Holz gebaut: die Arche. Und Gott hat Noah gerettet.

So ähnlich ist es Lot in der Stadt Sodom ergangen. Die Menschen in Sodom hatten Gott aus dem Leben verstoßen. Sie haben nur an sich selbst gedacht. An Essen, Trinken, Kaufen und Verkaufen, Pflanzen und Bauen. Lot aber hat auf Gott gehört. Er hat die Stadt Sodom verlassen. Und am gleichen Tag hat es Feuer vom Himmel geregnet. Alle sind gestorben. Aber Lot hat überlebt.

Bald kommt der Menschen-Sohn. Dann passiert das Gleiche. Hört auf Gott und folgt ihm! Dann rettet euch Gott.

Tagesgebet

Gott, unsere Zeit steht in deinen Händen.
Du hast die Welt geliebt vor allem Anfang.
Und du liebst sie bis über das Ende hinaus.
Bleib bei uns.
Heute und immer. Durch Jesus Christus, deinen Sohn.
Amen.

Vorletzter Sonntag des Kirchenjahrs

Matthäus 25,31–46	*Das Gericht am Ende der Zeit*
Römer 8,18–23 (24–25)	*Hoffen auf die neue Welt*

Matthäus 25,31–46

Jesus erzählt ein Gleichnis. Das ist eine Beispielgeschichte. Jesus erzählt, wie es sein wird, wenn wir ihm begegnen. Am Ende der Zeit.
Der Sohn von Gott kommt wieder. An einem besonderen Tag. Dann begleiten ihn alle Engel. Der Sohn von Gott setzt sich auf einen Thron. Geschmückt wie ein König. Dann treten alle Völker vor ihn. Und er teilt sie in zwei Gruppen auf. So macht es auch ein Hirte mit der Herde. Die Schafe stellt der König rechts auf und die Ziegenböcke links.
Zu denen auf der rechten Seite sagt der König: Kommt her! Gott segnet euch! Ihr bekommt das Himmelreich. Gott hat es von Anfang an für euch vorbereitet.
Und der Sohn von Gott sagt: Ich habe Hunger gehabt. Ihr habt mir zu essen gegeben. Ich habe Durst gehabt. Ihr habt mir zu trinken gegeben. Ich bin ein Fremder gewesen. Ihr habt mich aufgenommen. Ich bin nackt gewesen. Ihr habt mir Kleidung gegeben. Ich bin krank gewesen. Ihr habt mich versorgt. Ich bin im Gefängnis gewesen. Ihr habt mich besucht.
Die Menschen auf der rechten Seite fragen ihn dann: Gott, wann ist das gewesen? Wann haben wir dich hungern gesehen und dir zu essen geben? Wann haben wir dich durstig gesehen und dir zu trinken gegeben? Wann haben wir dich als Fremden aufgenommen? Wann haben wir dich nackt getroffen und dir Kleidung gegeben? Wann haben wir dich krank gesehen oder im Gefängnis besucht?
Darauf antwortet ihnen der König: Ihr habt das für andere getan. Und so habt ihr es für mich getan.
Zu denen auf der linken Seite sagt er: Geht weg von mir. Ihr seid verflucht. Ich bin hungrig und durstig gewesen. Ich bin nackt und gefangen gewesen. Das ist euch egal gewesen. Deshalb sage ich euch: Ihr habt viel an anderen versäumt. Und das habt ihr al-

les an mir versäumt. Das merke ich mir. Und das hat Folgen. Für immer.

Römer 8,18–23 (24–25)

Paulus schreibt an die Gemeinde in Rom. Er macht ihnen Mut:

Wir erleben jetzt schlimme Dinge und große Not. Aber Gott hält so viel Schönes bereit. Das ist viel wichtiger. Gott zeigt uns das ganz bald und schenkt es uns. Bald sind wir bei Gott. Die ganze Welt wartet sehnsüchtig darauf. Danach ist es zu Ende. Das will Gott so.
Das ist zugleich eine große Hoffnung: Den Kindern von Gott ist etwas geschenkt. Und die Schöpfung bekommt das auch. Dann ist sie frei und herrlich.
Jetzt stöhnt und ächzt die Welt noch. Denn sie ist, wie sie ist. Gott hat uns schon seinen Geist gegeben. Aber wir seufzen trotzdem. Gott schenkt uns noch mehr. Für die Seele und für den Leib. Darauf warten wir noch.
Also machen wir weiter. Warten wir miteinander. Und hoffen auf die neue Welt von Gott. Gott hat uns vom Tod errettet.

Vorbereitungsgebet mit Sündenbekenntnis

Ewiger Gott,
wir kommen zu dir:
mit allem, was wir in der letzten Woche erlebt haben.
Danke für schöne Begegnungen und gute Erlebnisse.
Wir kommen zu dir.
Manches war schwer.
Menschen haben uns verletzt,
Wir haben andere Menschen gekränkt.
Das tut uns leid.
Wir bringen es dir und bitten dich um Verzeihung.
Denn du bist reich an Güte und hast uns lieb.

Eingangsgebet

Jesus Christus!
Seit unserer Taufe gehören wir zu dir.
Wir sind unzertrennlich.
Das macht uns Mut.
Auch in anderen Menschen begegnest du uns:
in Hungrigen und Durstigen, Kranken und Gefangenen.
Hilf uns, dass wir ihre Not sehen.
Wärme unsere Herzen.
Schenke uns deinen Geist,
den Geist der Liebe und Güte.
Verwandle uns.
Mach die Welt neu durch deinen Geist.
Amen.

Buß- und Bettag

Lukas 13,6-9 | *Der Feigenbaum*
Römer 2,1-11 | *Die Urteile von Gott sind gerecht.*

Lukas 13,6-9

Jesus erzählt den Leuten eine Beispielgeschichte:
Ein Mensch besitzt einen Feigenbaum. Er hat den Baum in den Weinberg gepflanzt. Eines Tages will er ernten. Aber es sind keine Feigen da. Da sagt er zum Wein-Gärtner: Seit drei Jahren komme ich vergeblich. Ich suche Früchte am Feigenbaum. Und ich finde keine. Hau ihn ab! Warum soll er dem Boden umsonst die Kraft rauben?
Der Gärtner erwidert: Herr, lass ihm doch noch ein Jahr Zeit. Ich will um ihn herum die Erde lockern. Und ich will ihn gut düngen. Vielleicht bringt er doch noch Frucht. Sonst fällen wir ihn.

Römer 2,1-11

Wer bist du, Mensch? Du stehst vor Gericht.
Du verurteilst einen anderen? Damit richtest du dich selbst. Denn du handelst genau wie er. Solche Leute richtet Gott zu Recht. Glaubst du etwa, Gottes Urteil zu entkommen?
Gott ist gütig und geduldig. Merkst du das? Mit Güte will er dich zum Umdenken bewegen. Aber du ziehst den Zorn von Gott auf dich. Denn du bist auf dem falschen Weg. Der Zorn von Gott trifft dich bald. Denn die Urteile von Gott sind gerecht.
Er gibt jedem, was er verdient. Den einen gibt er das ewige Leben. Das sind die, die ernsthaft versuchen, Gutes zu tun. Sie suchen nach unvergänglichem Lohn.
Die anderen trifft der Zorn von Gott mit voller Wucht. Sie sind streitsüchtig, weichen Gott aus und begehen Unrecht. Diese Menschen straft Gott mit Schmerzen. In der Seele und im Körper. Ganz gleich, ob sie Juden sind oder Griechen. Andere tun Gutes. Die finden Ansehen, Ehre und Frieden. Egal ob Juden oder Griechen. Gott behandelt alle gleich.

Bitten

Herr, wir sind auf dem Weg, aber wir brauchen noch Zeit.
Wir bitten dich heute: Hab Geduld mit uns, gib uns Zeit.
Stärke uns, damit wir Schuld abtragen und Liebe üben können.
Gib uns das richtige Wort für die Bitte um Vergebung.
Und gib uns ein großes Herz, um Vergebung zu schenken.
Herr, wir leiden an dem, was wir täglich hören und sehen.
Wir sagen dir in der Stille, was uns belastet und bewegt:

Stille

Herr, wir bitten dich, höre unser Reden und
höre auch unser Schweigen.
Schenke uns und aller Welt deinen Segen.
Amen.

Ewigkeitssonntag

Matthäus 25,1–13 | *Kluge und dumme Jungfrauen*
Offenbarung 21,1–7 | *Gott wischt alle Tränen ab*

Matthäus 25,1–13

Jesus sagt: Im Himmelreich wird es wie in dieser Geschichte sein:
Zehn Jungfrauen bereiten sich vor. Sie nehmen Lampen.
Die Jungfrauen warten bei einer Hochzeit auf den Bräutigam. Sie gehen hinaus auf die Straße. Sie gehen dem Bräutigam entgegen. Aber fünf von den Jungfrauen sind dumm. Und fünf sind klug. Die Dummen nehmen leere Lampen. Die Klugen aber nehmen Öl mit in Gefäßen. Und die Lampen dazu.
Der Bräutigam verspätet sich. Die Jungfrauen sind müde. Sie schlafen ein. Um Mitternacht aber rufen die Leute: Seht her! Der Bräutigam kommt. Geht raus. Geht ihm entgegen. Alle Jungfrauen stehen auf. Sie möchten alle die Lampen anzünden. Die Dummen sagen zu den Klugen: Gebt uns vom Öl! Wir brauchen das! Und die Klugen antworten: Nein. Wir brauchen das Öl selbst. Wir haben nur genug Öl für unsere Lampen. Geht los. Kauft Öl für euch im Geschäft. Und die Dummen gehen los. Sie wollen Öl kaufen.
Da kommt der Bräutigam. Die klugen Jungfrauen sind da und bereit. Sie gehen mit ihm mit. Der Bräutigam geht mit ihnen zur Hochzeit. Jemand schließt die Tür zum Hochzeitssaal ab.
Später kommen auch die anderen Jungfrauen zu der Tür. Sie haben Öl gekauft. Sie sagen: Herr, Herr, mach die Tür auf! Er aber antwortet: Was ich euch jetzt sage, meine ich ganz ernst: Wer seid ihr? Ich kenne nur die anderen Jungfrauen.
Darum passt auf. Bleibt wach. Das Himmelreich kommt plötzlich.

Offenbarung 21,1–7

Johannes kann in die Zukunft sehen. Und das sieht er:

Ich sehe einen neuen Himmel. Und ich sehe eine neue Erde. Der alte Himmel ist weg. Und die alte Erde. Auch das Meer ist weg.
Und ich sehe eine Stadt. Gott liebt diese Stadt. Es ist das neue Jerusalem. Die Stadt kommt von Gott aus dem Himmel herunter. Sie sieht aus wie eine Braut. Die Braut ist herrlich angezogen. Mit ganz viel Schmuck. Sie ist geschmückt wie für einen Mann.
Und ich höre eine Stimme. Die Stimme ist sehr kräftig. Die Stimme kommt von einem Thron. Sie sagt: Sieh hin. Das ist das Haus Gottes. Es ist ein Haus für die Menschen. Dort wohnt Gott mit den Menschen zusammen. Und die Menschen gehören zu ihm. Und Gott selbst ist mit ihnen. Er ist der Gott von diesen Menschen.
Und Gott wischt die Tränen von den Augen von den Menschen. Und es ist nur noch Leben. Tod, Schmerz, Geschrei – das ist alles weg. All das Alte ist weg.
Und da sitzt einer auf dem Thron. Er spricht: Sieh hin. Ich mache alles neu.
Und er sagt: Schreib es auf. Denn diese Worte sind wirklich wahr.
Und er spricht zu mir: Es ist so. Ich bin der erste Buchstabe. Ich bin das A. Und ich bin der letzte Buchstabe (*im griechischen Alphabet*). Ich bin das O.
Ich bin der Anfang von allem. Und ich bin das Ende von allem. Ich schenke Wasser aus für die Durstigen. Ich gebe das Wasser umsonst. Es kommt aus einer besonderen Quelle. Das Wasser macht lebendig. Lasst Leid und Schmerz hinter euch. Ihr bekommt alles von mir. Ich bin euer Gott. Und ihr seid meine Kinder.

Eingangsgebet

Gott,
du bist am Anfang.
Wenn das Leben beginnt.
Wenn wir uns verlieben.
Wenn wir Glück finden.

Gott,
du bist am Ende.
Wenn das Leben aufhört.
Wenn wir uns begegnen, du und wir Menschen.
Wenn wir bei dir sind, ganz und gar.

Gott, jetzt bist du da.
Und alle sind bei dir. Die Toten. Die Lebenden.
Und die noch zur Welt kommen.

Gott, wir sind Kinder von dir.
Du schenkst uns Zeit.
Du schenkst uns Leben.
Du gibst Nähe und Liebe von Anfang bis Ende.

Und dann, Gott, fängst du neu mit uns an?
Ja. Und:
Amen.

Totensonntag

Johannes 5,24–29 | *Gericht und ewiges Leben*
1. Korinther 15,35–38.42–44a | *Wie werden die Toten lebendig?*

Johannes 5,24–29

Gott hat Jesus große Macht gegeben. Jesus erzählt davon. Es ist die Macht über den Tod.

Was ich euch jetzt sage, das ist wahr. Ganz sicher:
Gott hat mich geschickt. Ich rede. Das ist ein Auftrag von Gott.
Hört die Worte von mir. Glaubt daran! Dann habt ihr das ewige Leben. Auch wenn ihr sterben müsst. Sonst folgt auf den Tod das Gericht.
Jesus spricht weiter: Was ich euch jetzt sage, das ist wahr. Ganz sicher: Die Toten hören meine Stimme. Jetzt und auch später. Und ich bin der Sohn von Gott. Hört ihr mich? Dann lebt ihr. Auch wenn ihr tot seid. Gott selber ist das Leben. Und auch der Sohn von Gott ist das Leben. Gott hat dem Sohn die Macht gegeben.
Als Richter entscheide ich. Alle Toten hören meine Stimme. Habt ihr Gutes getan? Dann steht ihr auf und lebt. Habt ihr Böses getan? Dann steht auf und ihr bekommt Strafe.

1. Korinther 15,35–38.42–44a

Vielleicht fragt jemand: Wie kommen die Toten wieder zum Leben? Wie kommen sie in den Himmel? Was für einen Körper haben sie dann? Dumme Frage! Alles muss vollkommen sterben. Erst danach lebt wieder etwas Neues. Es ist wie bei Pflanzen. Am Ende ist die Pflanze groß und ausgewachsen. Am Anfang ist die Pflanze nur ein kleines Samenkorn.
Das Samenkorn verwandelt sich vollständig. Jedes Samenkorn ist anders. Für jedes hat Gott einen anderen eigenen Pflanzenkörper vorgesehen.

So ist es auch mit den gestorbenen Menschen. Sie sind wie ein Samenkorn. Sie verwandeln sich vollkommen. Und jeder hat danach einen anderen Körper. Gott hat für jeden Menschen einen Körper vorgesehen.

Die toten Körper sind hässlich. Aber dann kommen die Körper wieder zum Leben. Man kann sehen: Gott hat die Körper gemacht. So schön und voller Kraft sind sie.

Tote haben einen hässlichen Körper. Dann kommen wir wieder ins Leben. Und man sieht: Gott hat uns gemacht.

Abendmahlsgebet

Gott,
wir sind traurig. Doch du bist da. Wir stammeln: Danke!
Wir haben Tränen in den Augen. Doch du wischst sie ab.
Uns fehlt die Kraft.
Aber du gibst uns Brot und Wein. Wir schmecken dich: Danke!
Wir sind einsam. Du bist mit uns zusammen.
Wir spüren dich: Danke!
Uns fehlen die Worte. Doch du verstehst uns.
Wir sprechen ohne Worte: Danke!
Gott, du bist heilig. Du kennst Leben und Tod.
Das macht uns Mut: Danke!
Wir fangen an zu singen. Leise und immer lauter.
Amen.

*Biblische Lesungen und Gebete
zu den Kasualien*

Taufe

Psalm 91,11–12 | *Engel sind bei dir*
Matthäus 28,16–20 | *Tauft im Namen von Gott!*

Psalm 91,11–12

Gott handelt auf der Welt. Manchmal tut er das durch Engel.
Auch zu dir hat er Engel geschickt.
Die Engel sind bei dir. Überall. Egal wohin du gehst.
Sie tragen dich. So kannst du sicher gehen.

Matthäus 28,16–20

Jesus sagt zu den elf Jüngern: Kommt zu mir auf den Berg nach Galiläa.
Die Jünger kommen auf den Berg. Sie sehen Jesus und werfen sich vor ihm auf den Boden. Einige fragen: Ist das wirklich Jesus?
Jesus kommt auf sie zu. Er sagt zu ihnen: Ich bin mächtig auf der Erde. Ich bin auch mächtig im Himmel. Ihr gehört zu mir. Deshalb seid ihr auch mächtig. Bald gehören alle Menschen zu mir. Deshalb geht los. Tauft sie auf den Namen von Gott. Sagt dabei: Ich taufe dich im Namen von Gott. Vater und Sohn und Heiliger Geist.
Erzählt den Menschen von mir. Was ihr erlebt habt mit mir. Was ich euch erzählt habe. Ich verspreche es: Ich bin bei euch für immer.

Gebet

Großer Gott,
wir werden getauft. Das ist ein Geheimnis.
Wir tragen den eigenen Namen.
Und wir bekommen den Namen von dir noch dazu.
So sind wir Kinder von dir.

Liebender Gott,
Menschen brauchen Brot zum Essen und Wasser zum Trinken.
Die Taufe gibt uns mehr als das.
Sie macht uns satt.
Sie macht uns rein und klar wie frisches Wasser.
Böse Gedanken verschwinden.

Ewiger Gott,
schenk uns immer neu den Glauben an dich.
Auch wenn wir schon getauft sind.
Erinnere uns an das Ziel des Lebens:
Bei dir sein. Im Tod und im Leben.

Amen.

Schulanfang

| Psalm 121 | *Woher kommt mir Hilfe?* |
| Markus 10,13–16 | *Lasst die Kinder zu mir kommen* |

Psalm 121

Ich schaue hinauf zu den Bergen.
Woher kommt Hilfe?
Mir hilft Gott.
Der hat Himmel und Erde gemacht.
Gott passt auf. Du gehst sicher auf dem Weg.
Gott achtet auf dich. Er ist immer wach.
Was immer du tust. Gott ist da.
Am Tag scheint die Sonne.
In der Nacht ist der Mond am Himmel.
Ob heiß oder kalt, dunkel oder hell:
Gott ist immer da.
Gott behütet dich vor allem Bösen.
Deiner Seele kann nichts passieren.
Gott behütet das Ende.
Und den neuen Anfang von dir.
Jetzt, heute, morgen, jeden Tag, immer.

Markus 10,13–16

Viele Menschen hören Jesus zu.

Einige Menschen bringen Kinder zu Jesus. Sie sagen: Bitte berühre die Kinder. Die Freunde von Jesus ärgern sich darüber. Sie schicken die Kinder weg.
Jesus merkt das. Er ist zornig: Lasst die Kinder zu mir. Das Reich von Gott ist auch ein Reich für Kinder. Wer zu Gott will, muss sein wie ein Kind.
Und Jesus umarmt die Kinder. Er legt ihnen die Hände auf und segnet sie.

Eingangsgebet

Gott,
heute beginnt die Schule.
Das ist aufregend.
Für uns alle.
Für Kinder. Für Eltern und Großeltern.
Und für die Lehrer auch.
Du bist auch dabei. Du passt auf.
Jeden Tag und jede Nacht bist du wach:
Wenn wir lernen, wenn wir spielen, wenn wir träumen.
Danke!
Amen.

Konfirmation

Sprüche 3,1–8 | *Verlass dich auf Gott*
Johannes 6,66–69 | *Petrus sagt: Jesus ist das Leben*

Sprüche 3,1–8

Mein Kind, ich habe dir viel gesagt. Denk daran. Halte dich an meine Gebote. Dann hast du ein langes Leben. Dann geht es dir gut. Liebe und Treue bleiben bei dir. Binde dir meine Gebote um den Hals. Schreib sie auf dein Herz. Das gefällt Gott und den Menschen.
Verlass dich auf Gott. Vertrau ihm. Er ist größer als alles, was du weißt. Frag Gott: Wohin führst du mich? Gott zeigt dir den Weg. Es ist falsch, wenn du sagst: Ich weiß, wo es langgeht. Halte dich an Gott. Bleib fern vom Bösen. Das ist gesund für dich, für den ganzen Körper. Es tut dir gut.

Johannes 6,66–69

Immer mehr Leute gehen von Jesus weg. Sie wenden sich ab.
Da fragte Jesus seine zwölf Freunde: Geht ihr auch weg?
Simon Petrus antwortet ihm: Herr, wohin sollen wir gehen? Bei dir ist das Leben. Du kommst von Gott. Das haben wir erkannt und das glauben wir: Du bist heilig. Du bringst Heil.
Mit dir leben wir für immer.

Tagesgebet

Guter Gott.
Wir sind hierhergekommen.
Wir hören dir zu.
Manchmal zweifeln wir: Was ist richtig?
Manchmal suchen wir: Was sollen wir tun?
Dann zeig du uns den Weg.
Schick uns Worte für das Leben.
Darum bitten wir dich mit Jesus Christus, Bruder und Freund, Amen.

Trauung

Psalm 36,6–10 | *Aus dir sprudelt das Leben*
1. Korinther 13 | *Glaube, Hoffnung, Liebe*

Psalm 36,6–10

Gott, du bist freundlich. So freundlich!
Von hier bis zum Himmel.
Und du bist treu. Bis zu den Wolken.
Gerecht bist du. Fest gegründet wie die Berge.
Und du sprichst recht. So gründlich und tief wie der Ozean.
Gott, du hilfst Menschen und Tieren.
Freundlich bist du, Gott. Das ist köstlich.
Menschen finden Schutz im Schatten der Flügel von dir.
Menschen werden satt, so viel gibst du zu Essen.
Sie kosten von der Freude von dir. Wie von einem frischen Bach.
Gott, aus dir sprudelt das Leben wie aus einer Quelle.
Und in deinem Licht sehen wir das Licht.

1. Korinther 13

Paulus schreibt an die Gemeinde in Korinth:

Stellt euch vor: Ich spreche alle Sprachen. Sogar Engel-Sprache.
Aber ohne die Liebe? Nein! Ohne Liebe ist meine Sprache nur
ein lautes Geräusch.
Stellt euch vor: Ich sage die Zukunft voraus wie ein Prophet.
Oder ich kenne alle Geheimnisse der ganzen Welt.
Oder ich kann Berge versetzen. So sehr glaube ich.
Aber geht das ohne die Liebe? Nein!
Ohne die Liebe hat alles keinen Wert.
Stellt euch vor: Ich verschenke alles. Wirklich alles.
Ich lasse mich verbrennen.
Aber geht das ohne die Liebe? Nein!
Ohne die Liebe ist alles nutzlos.
Die Liebe behält den Mut.
Die Liebe ist freundlich.

Die Liebe ist maßvoll.
Die Liebe ist ernsthaft und bescheiden.
Sie verhält sich angemessen.
Sie sieht vor allem die anderen.
Sie ist friedfertig. Und sie vergibt gern.
Ungerechtigkeit macht sie traurig.
Sie freut sich aber über die Wahrheit.
Sie kann alles aushalten.
Sie glaubt alles. Sie hofft alles. Und sie steht alles durch.
Die Liebe ist endlos.
Prophezeiungen dagegen hören auf.
Besondere Sprachen hören auf.
Und auch die Erkenntnis hört auf.
Denn wir wissen wenig. Immer nur kleine Stücke.
Wir sagen die Zukunft voraus. Aber es bleiben Lücken.
Doch einmal kommt die vollkommene Zeit von Gott.
Dann sind die Lücken geschlossen.
Ich bin ein Kind gewesen. Damals habe ich wie ein Kind geredet.
Und wie ein Kind gedacht.
Und ich bin klug gewesen wie ein Kind.
Als Erwachsener habe ich das hinter mir gelassen.
Noch sehen wir ein unscharfes Bild.
Später sehen wir klar und vollkommen.
Noch erkennen wir immer nur ein Stück.
Dann aber erkennen wir alles.
Gott sieht uns ganz klar.
Und wir sehen dann auch die Dinge so klar wie er.
Bis dahin bleiben uns Glaube, Hoffnung und Liebe.
Von diesen dreien ist die Liebe das Größte.

Eingangsgebet

Gott, wir feiern heute das Fest der Liebe.
N. N. und N. N. wollen gemeinsam durchs Leben gehen.
Sie versprechen, sich zu halten und zu schützen.
Das ist ein großes Versprechen.
Darum bitten wir dich:
Sei mit ihnen in diesem glücklichen Moment.
Und sei mit ihnen in allen Momenten, die kommen.
Segne sie, wenn sie vor deinem Altar »Ja« zueinander sagen.
Und führe sie Hand in Hand auf deinem Weg. Amen.

Beerdigung

Psalm 90,1-14 (15-17)	*Lehre uns bedenken, dass wir sterben müssen*
Offenbarung 21,1-7	*Gott wischt alle Tränen ab* (vgl. Ewigkeitssonntag)

Psalm 90,1-14(15-17)

Es hat dich schon immer gegeben, Gott.
Bevor es die Berge gegeben hat.
Bevor die Erde und die Welt gemacht worden sind.
Dich hat es immer gegeben.
Und auch in Zukunft bist du immer da.
Du lässt die Menschen sterben.
Und du sagst: Kommt wieder, Menschenkinder!
Tausend Jahre sind für uns eine lange Zeit.
Für dich ist es wie der Tag von gestern
und die vergangene Nacht.
Die Zeit, die Stunden, Tage, Jahre
fließen vorbei wie Wasser in einem Fluss.
Die Zeit, Stunden, Tage, Jahre sind wie Gras.
Am Morgen wächst und blüht es.
Am Abend ist es welk und vertrocknet.
Gott, früher bist du wütend auf uns gewesen.
Deswegen geht das Leben von jedem Menschen zu Ende.
Du siehst alles.
Was wir falsch machen. Was uns von dir trennt.
Wir sterben, Gott.
Weil du enttäuscht bist.
Wir verschwenden das Leben.
Wir leben 70 Jahre.
Oder sogar 80. Das ist schon lang.
Vieles ist uns wichtig.
Aber das meiste ist sinnlos.
Das Leben ist so schnell vorbei.
Das Leben fliegt vorbei wie ein Vogel.
Ja, du bist wütend, Gott. Aber wer weiß das schon?

Und wer hat schon richtig Angst vor dir?
Gott, erinnere uns:
Wir müssen sterben.
Damit wir endlich klug werden.
Gott, sei bei uns bitte! Endlich!
Verzeih uns! Schau uns liebevoll an!
Damit wir jeden Morgen fühlen:
Du bist wirklich bei uns.
Dann jubeln wir jeden Tag.
Und wir sind dankbar.
Für immer.

Gebet beim Hinaustragen des Sargs

Ewiger Gott,
wir danken dir!
Du hast N. N. begleitet.
Im Leben und im Sterben.
Gib du, gütiger Gott, N. N. deinen Frieden.
Danke für die Liebe und das Glück von N. N.
Unser Leben ist durch N. N. schön geworden.
Er/Sie war ein Geschenk für uns.
Wir haben Freundschaft, Liebe und Wärme genossen.
Das wird uns fehlen. Das macht uns traurig.

Gott, bitte vergib uns!
Wenn uns Geduld gefehlt hat.
Wenn uns Verständnis gefehlt hat.
Wenn wir N. N. etwas schuldig geblieben sind.
Gott, hilf uns zu verzeihen,
wenn N. N. uns etwas schuldig geblieben ist.

Gott, sei uns nahe mit deinem Geist!
Sei bei uns mit deiner Kraft und deiner Liebe!
Gib uns deinen Frieden!
Amen.

Ordination | Amtseinführung | Berufung
Lektorendienst

Jesaja 55,6-10	*Eure Wege sind anders*
Apostelgeschichte 6,1-7	*Helfen lernen*
1. Korinther 3,7-11	*Ihr seid der Bau von Gott*
2. Kor 5,19-21	*Lasst euch versöhnen mit Gott!*

Jesaja 55,6-10

So spricht Gott:
Meine Gedanken sind anders als eure Gedanken. Und meine Wege sind anders als eure Wege. Meine Gedanken sind viel größer und höher als eure. Die beiden sind so weit auseinander wie Himmel und Erde.
Mein Wort ist wie der Regen. Regen fällt vom Himmel. Er macht die Erde feucht und fruchtbar. So wächst der Samen und bringt Frucht: Getreide, aus dem Brot wird. So hat auch das Wort von mir große Kraft. Es bewegt viel.
Was ich will, das bewirkt mein Wort.

Apostelgeschichte 6,1-7

In der ersten Gemeinde in Jerusalem gibt es Menschen aus vielen Ländern. Diese Menschen sprechen verschiedene Sprachen. Die griechischen Christen beschweren sich. Sie sagen:

Unsere Armen werden übersehen. Alle sollen gleich gut versorgt werden!
Da rufen die zwölf Freunde von Jesus, also Petrus, Jakobus, Johannes und alle anderen, die Gemeinde zusammen.
Sie sagen: Jemand muss sich um die Versorgung der Armen kümmern. Wir verkündigen das Wort von Gott. Dafür brauchen wir Zeit. Essen und Kleider können auch andere verteilen.
Seht euch um nach Menschen mit gutem Ruf. Sie sind freundlich und anerkannt bei den Leuten. Sie sollen beauftragt werden für diese Aufgabe.

Diese Rede gefällt allen gut. Die Leute wählen Stephanus. Stephanus glaubt fest an Gott. Der Geist von Gott ist bei ihm. Die Leute wählen noch sechs weitere zum Helfen. Diakon und Diakonin werden sie genannt. *Das bedeutet auf Griechisch Helfer oder Helferin.*
Die Freunde legen den Diakonen die Hände auf und beten für sie. So verbreitet sich das Wort von Gott. Und es kommen immer mehr Freunde dazu.

1. Korinther 3,7–11

Paulus schreibt:
In der Gemeinde Gottes ist es wie auf einem Acker. Ihr seid Gottes Ackerfeld.
Manche Menschen pflanzen. Andere Menschen gießen. Entscheidend aber ist: Gott schenkt Wachstum. Und alle bekommen Lohn für die Arbeit. Denn wir sind Mitarbeiter von Gott.
Man kann es auch mit einem Hausbau vergleichen: Ihr seid der Bau von Gott.
Ich, Paulus, habe den Grund gelegt. Ein anderer hat darauf gebaut. Achtet aber darauf, wie ihr baut.
Und denkt immer daran: Es gibt nur ein Fundament in diesem Haus. Das heißt Jesus Christus. Auf ihm gründet der Glaube von euch.

Gebet für N. N.

Barmherziger Gott!
Wir bitten dich für N. N.
Gib ihr/ihm deinen heiligen Geist.
Hilf ihr/ihm, deine Liebe weiterzugeben in Wort und Tat.
Schenke ihr/ihm Freude am Glauben.
Beschütze sie/ihn jeden Tag.
Lass ihren/seinen Dienst gelingen.
Lass die Gemeinschaft von uns allen wachsen.
Amen.

2. Korinther 5,19–21

In Jesus Christus hat sich Gott gezeigt.
Das heißt:
Gott macht Frieden mit der Welt.
So ist ihre Schuld weg.
Diese gute Botschaft klingt kräftig.
Sie ist das Wort von der Versöhnung.
Gott und die Welt sind im Frieden.
Das erzählen wir. So wie Christus es auch erzählt hat.
Gott selbst ruft durch uns anderen Menschen zu:
Lasst euch versöhnen mit Gott.
Das ist möglich, weil Jesus alles getan hat.
Jesus ist ohne Schuld gewesen.
Er hat unsere Schuld getragen.
So sind wir gerecht bei Gott.
Wir dürfen leben.

Register

Schriftstellenverzeichnis

Die in diesem Verzeichnis verwendeten Abkürzungen sind so gewählt, dass sie aus sich heraus verständlich sein dürften. Die häufigsten Abkürzungen sind:
A/B/C = Lesejahr A/B/C
JK = im Jahreskreis
JK I/II = im Jahreskreis; ungerade/gerade Jahre
Kf. = Kurzfassung
L. = Lesung
Wo. = Woche
Wochentage = So/Mo/Di/Mi/Do/Fr/Sa

Gen 1,1–4a.26–31;2,1–4a   Jubilate
[kath: Gen 1,1–19 Mo 5. Wo. JK I; Gen 1,1–2,2 Osternacht (1.L.) A, B, C; Gen 1,1.11–12 Bei d. Aussaat; Gen 1,1.14–18 Zum Jahresbeginn; Gen 1,1.26–28.31a Bei d. Trauung; Gen 1,1.26–31a Osternacht (1.L.Kf.) A, B, C; Gen 1,26–2,3 Für d. Fortschritt d. Völker; Um Segen für d. Arbeit; Hl. Josef (Votivm.); Gen 1,20–2,4a Di 5. Wo. JK I; Gen 1,26–2,3 Josef, d. Arbeiter (1.5.)]

Gen 3,1–19 (20–24)   Invokavit
[kath: Gen 3,1–8 Fr 5. Wo. JK I; Gen 3,9–15 10. So JK B; Gen 3,9–15.20 Ohne Erbsünde Empfangene (8.12.); Commune Marienmessen; Maria, Mutter d. Kirche (Votivm.); Gen 3,9–24 Sa 5. Wo. JK I]

Gen 4,1–16a   13. So n. Trinitatis
[kath: Gen 4,1–15.25 Mo 6. Wo. JK I; Gen 4,3–10 Für d. Fortschritt d. Völker; Bei Krieg u. Bürgerkrieg]

Gen 8,1–12   4. So vor der Passionszeit
[kath: Gen 8,6–13.15–16a.18a.20–22 Mi 6. Wo. JK I]

Gen 8,18–22   20. So n. Trinitatis
[kath: Gen 8,6–13.15–16a.18a.20–22 Mi 6. Wo. JK I]

Gen 12,1–4a   5. So n. Trinitatis
[kath: Gen 12,1–4a 2. Fastenso A; Gallus (16.10.); Commune Hll. Männer u. hll. Frauen; Für d. Katechumenat u. d. Eingliederung Erwachsener; Bei d. Jungfrauenweihe u. d. Ordensprofess; Um Priester- u. Ordensberufe]

Gen 22,1–13 Judika
[kath: Gen 22,1–18 Osternacht (2.L.) A, B, C; Gen 22,1–19 Do 13. Wo. JK I]

Gen 28,10–19a 14. So n. Trinitatis
[kath: Gen 28,10–22a Mo 14. Wo. JK I; Gen 28,11–18 Bei d. Altarweihe]

Gen 50,15–21 4. So n. Trinitatis
[kath: Gen 49,29–33; 50,15–26a Sa 14. Wo. JK I]

Ex 3,1–10 (11–14) Letzter So n. Epiphanias
[kath: Ex 3,1–6.9–12 Mi 15. Wo. JK I; Ex 3,1–7a.9–12 Um Priester- u. Ordensberufe; Ex 3,1–8a.10.13–15 3. Fastenso C]

Ex 16,2–3.11–18 7. So n. Trinitatis
[kath: Ex 16,1–5.9–15 Mi 16. Wo. JK I; Ex 16,2–4.12–15 18. So JK B; Beauftragung von Akolythen u. Kommunionhelfern; Eucharistie (Votivm.)]

Ex 20,1–17 18. So n. Trinitatis
[kath: Ex 20,1–17 3. Fastenso B; Fr 16. Wo. JK I]

Ex 32,1–6.15–20 Aschermittwoch
[kath: Ex 32,15–24.30–34 Mo 17. Wo. JK I]

Ex 32,7–14 Rogate
[kath: Ex 32,7–11.13–14 24. So JK C; Ex 32,7–14 Do 4. Fastenwo; Commune Hirten d. Kirche]

Ex 34,4–10 19. So n. Trinitatis
[kath: Ex 33,7–11; 34,4b.5–9.28 Di 17. Wo. JK I; Ex 34,4b.5–6.8–9 Dreifaltigkeitsso A; Dreifaltigkeit (Votivm.); Herz Jesu (Votivm.)]

Num 21,4–9 Reminiszere
[kath: Num 21,4–9 Kreuzerhöhung (14.9.)]

Jos 1,1–9 Neujahrstag
[kath: Jos 1,5bc.7–9 Bei d. Abts- u. Äbtissinnenweihe]

2 Sam 12,1–10.13–15a 11. So n. Trinitatis
[kath: 2 Sam 12,1–7a.10–17 Sa 3. Wo. JK II; 2 Sam 12,7–10.13 11. So JK C]

2 Kön 5,(1–8) 9–15 (16–19a) 3. So n. Epiphanias
[kath: 2 Kön 5,1–15a Mo 3. Fastenwo; 2 Kön 5,9–15a Eingliederung Erwachsener; 2 Kön 5,14–17 28. So JK C]

Hiob 14,1–6 Drittletzter So d. KJ
[kath: Ijob 14,1–3.7–15 Bei d. Krankensalbung; Ijob 14,1–3.10–15 Beim Begräbnis Erwachsener]

Ps 24 1. Advent

Ps 36,6–10 Trauung

Ps 90,1–14 (15–17) Beerdigung

Ps 91 Taufe

Ps 98 Kantate

Ps 103,1–5.8–13 3. So n. Trinitatis

Ps 121 Schulanfang

Spr 3,1–8 Konfirmation/Firmung/Erstkommunion
[kath: Spr 3,3–6 Bei d. Trauung]

Pred 3,1–14 Altjahrsabend
[kath: Koh 3,1–11 Fr 25. Wo. JK II]

Jes 2,1–5 8. So n. Trinitatis
[kath: Jes 2,1–5 1. Adventsso A; Mo 1. Adventswo; Für d. Ausbreitung d. Evangeliums]

Jes 6,1–8 Trinitatis
[kath: Jes 6,1–2a.3–8 5. So. JK C; Jes 6,1–8 Nikolaus (6.12.); Commune Hirten d. Kirche; Sa 14. Wo. JK II; Aufnahme unter d. Kandidaten für Diakonat u. Presbyterat; Um Priester- u. Ordensberufe]

Jes 7,10–13 Christfest II
[kath: Jes 7,10-14 4. Adventsso A; Verkündigung des Herrn (25.3.); U. L. Frau von Loreto (10.12.); U. L. Frau von Guadalupe (12.12.); 20. Dezember; Commune Marienmessen]

Jes 9,1–6 Christvesper
[kath: Jes 9,1–6 Weihnachten Nacht A, B, C; Commune Marienmessen; Maria Königin (22.8.); Um Frieden u. Gerechtigkeit]

Jes 25,6–9 Ostermontag
[kath: Jes 25,6a.7–9 Allerseelen (2.11.); Beim Begräbnis Erwachsener; Beim Begräbnis e. getauften Kindes; Jes 25,6–10a 28. So JK A; Mi 1. Adventswo; Um e. guten Tod]

Jes 26,13 f. (15–18) 19 Karsamstag
[kath: Jes 26,7–9.12.16–19 Do 15. Wo. JK II]

Jes 40,1–8 (9–11) 3. Advent
[kath: Jes 40,1–11 Di 2. Adventswo; Jes 40,1–5.9–11 2. Adventsso B; Taufe d. Herrn C]

Jes 40,26–31 Quasimodogeniti
[kath: Jes 40,25–31 Mi 2. Adventswo]

Jes 43,1–7 6. So n. Trinitatis
[kath: Jes 43,1–3 Beim Begräbnis Erwachsener]

Jes 49,1–6 17. So n. Trinitatis
[kath: Jes 49,1–6 Johannes d. Täufer Tag (24.6.); Di Karwoche; Jes 49,3.5–6 2. So JK A]

Jes 49,13–16 1. So n. d. Christfest
[kath: Jes 49,8–15 Mi 4. Fastenwo; Jes 49,13–15 Herz Jesu (Votivm.); Jes 49,14–15 8. So JK A; Jes 49,14–16a Beim Begräbnis Erwachsener]

Jes 53,1–12 Karfreitag
[kath: Jes 52,13–53,12 Karfreitag A, B, C; Bei d. Krankensalbung; Hl. Kreuz (Votivm.); Jesus Christus, d. ewige Hohepriester (Votivm.); Jes 53,2b–5 Bei d. Krankensalbung; Jes 53,2b–5.10–11 Für Kranke; Jes 53,10–11 29. So JK B]

Jes 54,6b–10 Laetare
[kath: Jes 54,1–10 Do 3. Adventswo; Jes 54,5–14 Osternacht (4.L.) A, B, C]

Jes 58,7–12 Erntedank
[kath: Jes 58,6–11 Commune Hll. Männer u. hll. Frauen; Ludwig (25.8.); Margareta von Schottland (16.11.); Für d. Fortschritt d. Völker; Bei Hungersnot; Jes 58,7–10 5. So JK A; Jes 58,9b–14 Sa n. Aschermittwoch]

Jes 60,1–6 Epiphanias
[kath: Jes 60,1–6 Epiphanie. Erscheinung d. Herrn (6.1.) A, B, C; Für d. hl. Kirche; Für d. Ausbreitung d. Evangeliums]

Jes 61,1–4.10–11 2. So n. d. Christfest
[kath: Jes 61,1–2a.10–11 3. Adventsso B; Jes 61,1–3a Commune Hirten d. Kirche; Antonius von Padua (13.6.); Martin (11.11.); Bei d. Bischofs- u. Priesterweihe; Bei d. Krankensalbung; Für d. Priester; Zur Wahl e. Papstes o. e. Bischofs; Hl. Geist (Votivm.); Jes 61,1–3a.6a.8b–9 Bei d. Chrisam-Messe; Bei d. Firmung]

Jes 63,15–16 (17–19a) 19b; 64,1–3 2. Advent
[kath: Jes 63,15–16 Bei d. Übergabe d. Vaterunsers; Jes 63,16b–17.19b; 64,3–7 1. Adventsso B]

Jer 1,4–10 9. So n. Trinitatis
[kath: Jer 1,1.4–10 Mi 16. Wo. JK II; Jer 1,4–9 Commune Hirten d. Kirche; Bei d. Spendung d. Weihen; Aufnahme unter d. Kandidaten für Diakonat u. Presbyterat; Für d. Priester; Um Priester- u. Ordensberufe; Jer 1,4–10 Johannes d. Täufer Vorabend (24.6.)]

Jer 9,22–23 Septuagesimae
[kath: –]

Jer 29,1.4–7.10–14 21. So n. Trinitatis
[kath: Jer 29,11–14b Beim Begräbnis Erwachsener]

Jer 31,31–34 Exaudi
[kath: Jer 31,31–32a.33–34a Bei d. Trauung; Jer 31,31–34 5. Fastenso B; Do 18. Wo. JK II; Eingliederung Erwachsener; Um Versöhnung]

Hes 37,24–28 Christnacht
[kath: –]

Hes 37,1–14 Karsamstag
[kath: Ez 37,1–14 Pfingsten Vorabend/Vigil A, B, C; Pfingstmontag B; Fr 20. Wo. JK II; Hl. Geist (Votivm.); Ez 37,1–10 Beim Begräbnis Erwachsener]

Am 5,21–24 Estomihi
[kath: Am 5,4b.14–15.21–24 Um Versöhnung; Am 5,14–15.21–24 Mi 13. Wo. JK II]

Mich 6,3.8 22. So n. Trinitatis
[kath: Mi 6,1–4.6–8 Mo 16. Wo JK II; Mi 6,6–8 Commune Hll. Männer u. hll. Frauen]

Sach 8,20–23 Israelsonntag
[kath: Sach 8,20–23 Di 26. Wo. JK I; Für d. Ausbreitung d. Evangeliums]

Sach 9,9 f. 1. Advent
[14. So JK A; Bei Krieg u. Bürgerkrieg]

Mt 1,18–21 (22–25) Christnacht
[kath: Mt 1,1–25 Weihnachten Hl. Abend (24.12.) A, B, C; Mt 1,16.18–21.24a Josef (19.3.); Hl. Josef (Votivm.); Mt 1,18–23 Commune Marienmessen; Mariä Geburt (8.9.);Verkündigung d. Herrn; Mt 1,18–24 4. Adventsso A; 18. Dezember; Mt 1,18–25 Name Jesus (Votivm.)]

Mt 2,1–12 Epiphanias
[kath: Mt 2,1–12 Epiphanie. Erscheinung d. Herrn (6.1.) A, B, C]

Mt 2,13–21   1. So n. d. Christfest
[kath: Mt 2,13–18 Unschuldige Kinder (28.12.); Mt 2,13–15.19–23 Hl. Familie A; Commune Marienmessen; Für Flüchtlinge u. Heimatvertriebene; Für d. Familien]

Mt 3,13–17   1. So n. Epiphanias
[kath: Mt 3,13–17 Taufe d. Herrn A]

Mt 4,1–11   Invokavit
[kath: Mt 4,1–11 1. Fastenso A]

Mt 5,2–10 (11–12)   Reformationstag
[kath: Mt 5,1–12a 4. So JK A; Allerheiligen (1.11.); Commune Hll. Männer u. hll. Frauen; Karl Lwanga (3.6.); Eusebius von Vercelli (2.8.); Aufnahme gültig Getaufter; Bei d. Firmung; Bei d. Krankensalbung; Bei d. Trauung; Bei d. Jungfrauenweihe u. d. Ordensprofess; Beim Begräbnis Erwachsener; Für d. Laien; Für Christen, d. um d. Glaubens willen verfolgt werden; Für d. Fortschritt d. Völker; Um Frieden u. Gerechtigkeit; Um Versöhnung; Von allen Heiligen (Votivm.); Mt 5,1–12 Mo 10. Wo. JK]

Mt 6,(5–6)7–13   Rogate
[kath: Mt 6,7–15 Di 1. Fastenwo; Do 11. Wo. JK; Mt 6,9–13 Bei d. Übergabe d. Vaterunsers]

Mt 6,16–21   Aschermittwoch
[kath: Mt 6,1–6.16–18 Aschermittwoch; Mi 11. Wo. JK; Mt 6,19–23 Fr 11. Wo. JK; Mt 6,19–21.24–33 Bei d. Trauung]

Mt 6,25–34   15. So n. Trinitatis
[kath: Mt 6,19–21.24–33 Bei d. Trauung; Mt 6,24–34 8. So JK A; Sa 11. Wo. JK; Mt 6,31–34 Zum Jahresbeginn; Um Segen für d. Arbeit; Die Bittmesse]

Mt 7,24–27   9. So n. Trinitatis
[kath: Mt 7,21.24–25 Bei d. Trauung; Mt 7,21.24–27 Do 1. Adventswo; Mt 7,21.24–29 Bei d. Trauung; Mt 7,21–27 9. So JK A; Commune Hll. Männer u. hll. Frauen; Mt 7,21–29 Commune Kirchenlehrer; Gregor von Narek (27.2.); Anselm (21.4.); Beda d. Ehrwürdige (25.5.); Do 12. Wo. JK; Robert Bellarmin (17.9.); Bei d. Grundsteinlegung]

Mt 9,9–13   Septuagesimae
[kath: Mt 9,9–13 10. So JK A; Fr 13. Wo. JK; Matthäus (21.9.)]

Mt 11,25–30   2. So n. Trinitatis
[kath: Mt 11,25–30 Herz Jesu A; 14. So JK A; Commune Hll. Männer u. hll. Frauen; Katharina von Siena (29.4.); Pankratius (12.5.); Hermann Josef (21.5.); Johannes Eudes (19.8.); Franz von Assisi (4.10); Margareta Maria Alacoque (16.10.); Juan Diego Cuauhtlatoatzin (9.12.); Aufnahme gültig Getaufter; Bei d. Krankensalbung; Bei d. Jungfrauenweihe u. d. Ordensprofess; Beim Begräbnis Erwachsener; Beim Begräbnis e. getauften Kindes; Beim Begräbnis e. ungetauften Kindes; Für d. Ordensleute; Zur Danksagung; Herz Jesu (Votivm.); Mt 11,25–27 Mi 15. Wo. JK; Mt 11,28–30 Mi 2. Adventswo; Do 15. Wo. JK]

Mt 14,22–33   4. So vor der Passionszeit
[kath: Mt 14,22–33 19. So JK A; Weihetag d. Basiliken St. Peter u. St. Paul in Rom (18.11.); Petrus u. Paulus (Votivm.); Mt 14,22–36 Mo 18. Wo. JK; Di 18. Wo. JK]

Mt 15,21–28   17. So n. Trinitatis
[kath: Mt 15,21–28 20. So JK A; Mi 18. Wo. JK]

Mt 16,13–19   Pfingstmontag
[kath: Mt 16,13–18 Bei d. Grundsteinlegung; Übergabe d. Glaubensbekenntnisses; Mt 16,13–19 Tag d. Apostels Petrus u. Paulus (29.6.); Silvester (31.12.); Kathedra Petri (22.2.); Gregor VII. (25.5.); Leo d. Große (10.11.); Klemens (23.11.); Bei d. Altarweihe; Für d. hl. Kirche; Petrus (Votivm.); Commune Hirten d. Kirche; Commune Kirchweihe; Mt 16,13–20 21. So JK A]

Mt 17,1–9   Letzter So n. Epiphanias
[kath: Mt 17,1–9 2. Fastenso A; Verklärung d. Herrn (6.8.) A]

Mt 18,21–35   22. So n. Trinitatis
[kath: Mt 18,21–35 24. So JK A; Di 3. Fastenwo; Mt 18,21–19,1 Do 19. Wo. JK]

Mt 21,28–32   5. So vor der Passionszeit
[kath: Mt 21,28–32 26. So JK A; Di 3. Adventswo]

Mt 22,15–22   23. So n. Trinitatis
[kath: Mt 22,15–21 29. So JK A; Für d. Fortschritt d. Völker]

Mt 25,1–13   Ewigkeitssonntag
[kath: Mt 25,1–13 32. So JK A; Commune Jungfrauen; Commune Hll. Männer u. hll. Frauen; Luzia (13.12.); Walburga (25.2.); Fr 21. Wo. JK; Hildegard von Bingen (17.9.); Cäcilia (22.11.); Bei d. Jungfrauenweihe u. d. Ordensprofess; Beim Begräbnis Erwachsener; Um e. guten Tod]

Mt 25,31–46 Vorletzter So d. KJ
[kath: Mt 25,31–40 Martin (11.11.); Bei d. Krankensalbung; Mt 25,31–46 Christkönigsso A; Severin (8.1.); Mo 1. Fastenwo; Johannes von Gott (8.3.); Elisabeth von Portugal (4.7.); Commune Hll. Männer u. hll. Frauen; Beim Begräbnis Erwachsener; Für d. Fortschritt d. Völker; Bei Hungersnot; Für Flüchtlinge u. Heimatvertriebene; Für Strafgefangene]

Mt 27,33–50 (51–54) Karfreitag
[kath: Mt 27,11–54 Palmsonntag A; Mt 27,33–50 Hl. Kreuz (Votivm.)]

Mt 28,1–10 Osternacht
[kath: Mt 28,1–8 Beim Begräbnis Erwachsener; Mt 28,1–10 Osternacht A; Ostersonntag Tag A]

Mt 28,16–20 Taufe
[kath: Mt 28,16–20 Christi Himmelfahrt A; Dreifaltigkeitsso B; Commune Hirten d. Kirche; Valentin (7.1.); Paul Miki (6.2.); Johannes de Brébeuf (19.10.); Für d. hl. Kirche; Für d. Priester; Für d. Ausbreitung d. Evangeliums; Dreifaltigkeit (Votivm.); Mt 28,18–20 Eingliederung Erwachsener; Bei d. Kindertaufe]

Mk 1,21–28 24. So n. Trinitatis
[kath: Mk 1,21–28 4. So JK B; Di 1. Wo. JK]

Mk 2,1–12 19. So n. Trinitatis
[kath: Mk 2,1–12 7. So JK B; Fr 1. Wo. JK; Bei d. Krankensalbung]

Mk 8,22–26 12. So n. Trinitatis
[kath: Mk 8,22–26 Mi 6. Wo. JK]

Mk 10,13–16 Schulanfang
[kath: Mk 10,13–16 Sa 7. Wo. JK; Commune Hll. Männer u. hll. Frauen; Antonius Maria Zaccaria (5.7.); Eingliederung Erwachsener; Bei d. Kindertaufe]

Mk 10,17–27 18. So n. Trinitatis
[kath: Mk 10,17–27 28. So JK B; Hieronymus Ämiliani (8.2.); Commune Hll. Männer u. hll. Frauen; Di 8. Wo. JK; Um Priester- u. Ordensberufe]

Mk 12,28–34 Israelsonntag
[kath: Mk 12,28b–34 31. So JK B; Fr 3. Wo. JK; Do 9. Wo. JK; Bei d. Kindertaufe]

Mk 14,3–9 Palmarum
[kath: Mk 14,1–15,47 Palmsonntag B]

Mk 14,17–26 Gründonnerstag
[kath: Mk 14,1–15,47 Palmsonntag B; Mk 14,12–16.22–26 Fronleichnam B; Beauftragung von Akolythen u. Kommunionhelfern; Weihe e. Kelches o. e. Hostienschale; Eucharistie (Votivm.); Kostb. Blut (Votivm.)]

Mk 16,1–8 Ostersonntag
[kath: Mk 16,1–7 Osternacht B; Ostersonntag Tag B; Beim Begräbnis Erwachsener]

Lk 1,26–56 4. Advent
[kath: Lk 1,26–38 Verkündigung d. Herrn (25.3.); Ohne Erbsünde Empfangene (8.12.); U. L. Frau von Loreto (10.12.); 4. Adventsso B; 20. Dezember; Commune Marienmessen; Maria Königin (22.8.); Mariä Namen (12.9.); U. L. Frau vom Rosenkranz (7.10.); Bei d. Jungfrauenweihe u. d. Ordensprofess; Lk 1,39–45 4. Adventsso C; 21. Dezember; Lk 1,39–47 U. L. Frau von Guadalupe (12.12.); Commune Marienmessen; Mariä Namen (Votivm.); Lk 1,39–55 Zur Danksagung; Lk 1,39–56 Mariä Himmelfahrt Tag (15.8.); Mariä Heimsuchung (2.7.); Lk 1,46–56 22. Dezember]

Lk 1,67–79 3. Advent
[kath: Lk 1,67–79 24. Dezember Morgen]

Lk 2,1–20 Christnacht
[kath: Lk 2,1–14 Weihnachten Nacht A, B, C; Commune Marienmessen; Lk 2,15–20 Weihnachten Morgen A, B, C; Lk 2,15b–19 Commune Marienmessen; Lk 2,16–21 1. Januar A, B, C]

Lk 3,1–16 3. Advent
[kath: Lk 3,1–6 2. Adventsso C; Lk 3,7–18 Um Versöhnung; Lk 3,10–18 3. Adventsso C]

Lk 7,11–16 16. So n. Trinitatis
[kath: Lk 7,11–17 10. So JK C; Di 24. Wo. JK; Monika (27.8.); Beim Begräbnis Erwachsener]

Lk 8,4–8 (9–15) Sexagesimae
[kath: Lk 8,4–15 Sa 24. Wo. JK; Lk 8,4–10a.11b–15 Bei d. Firmung]

Lk 9,57–62 Okuli
[kath: Lk 9,51–62 13. So JK C; Lk 9,57–62 Commune Hll. Männer u. hll. Frauen; Godehard (5.5.); Bernhardin von Siena (20.5.); Mi 26. Wo. JK; Dominikus (8.8.); Bruno (6.10.); Johannes von Capestrano (23.10.); Pirmin (3.11.); Kolumban (23.11.); Bei d. Jungfrauenweihe u. d. Ordensprofess; Um Priester- u. Ordensberufe]

Lk 10,25–37   13. So n. Trinitatis
[kath: Lk 10,25–37 15. So JK C; Mo 27. Wo. JK; Bei d. Krankensalbung; Für Flüchtlinge u. Heimatvertriebene]

Lk 12,15–21   Erntedank
[kath: Lk 12,13–21 18. So JK C; Mo 29. Wo. JK; Lk 12,15–21 Für d. Fortschritt d. Völker; Zum Erntedank]

Lk 13,(1–5) 6–9   Buß- und Bettag
[kath: Lk 13,1–9 3. Fastenso C; Sa 29. Wo. JK]

Lk 14,(15) 16–24   2. So n. Trinitatis
[kath: Lk 14,15–24 Di 31. Wo. JK]

Lk 15,1–3.11–32   3. So n. Trinitatis
[kath: Lk 15,1–10 24. So JK C; Do 31. Wo. JK; Herz Jesu (Votivm.); Lk 15,1–32 24. So JK C; Lk 15,1–3.11–32 4. Fastenso C; Sa 2. Fastenwo; Um Versöhnung; Um Nachlass d. Sünden; Herz Jesu (Votivm.); Lk 15,3–7 Herz Jesu C]

Lk 16,19–31   1. So n. Trinitatis
[kath: Lk 16,19–31 26. So JK C; Do 2. Fastenwo; Für d. Fortschritt d. Völker; Bei Hungersnot]

Lk 17,20–29   Drittletzter So d. KJ
[kath: Lk 17,20–25 Do 32. Wo. JK; Lk 17,26–37 Fr 32. Wo. JK]

Lk 18,9–14   11. So n. Trinitatis
[kath: Lk 18,9–14 30. So JK C; Sa 3. Fastenwo; Bei d. Krankensalbung]

Lk 18,31–43   Estomihi
[kath: Lk 18,35–43 Mo 33. Wo. JK]

Lk 24,13–35   Ostermontag
[kath: Lk 24,13–35 Ostersonntag Abend A, B, C; Ostermontag A, B, C; 3. So Osterzeit A; Mi Osteroktav; Beauftragung von Akolythen u. Kommunionhelfern; Beim Begräbnis Erwachsener; Eucharistie (Votivm.)]

Lk 24,(44–49) 50–53   Christi Himmelfahrt
[kath: Lk 24,44–48 Beauftragung von Lektoren; Lk 24,44–53 Eingliederung Erwachsener; Für d. Ausbreitung d. Evangeliums; Lk 24,46–48 Um Nachlass d. Sünden; Lk 24,46–53 Christi Himmelfahrt C]

Joh 1,1–18   Christfest I
[kath: Joh 1,1–5.9–14 Weihnachten Tag A, B, C; 2. So. n. Weihnachten A, B, C; Joh 1,1–5.9–14.16–18 Eingliederung Erwachsener]

Joh 1,35–42 5. So n. Trinitatis
[kath: Joh 1,35–42 2. So JK B; 04. Jan; Aufnahme in d. Katechumenat; Aufnahme unter d. Kandidaten für Diakonat u. Presbyterat; Um Priester- u. Ordensberufe]

Joh 2,1–11 2. So n. Epiphanias
[kath: Joh 2,1–11 2. So JK C; 07. Jan; U. L. Frau in Lourdes (11.2.); Commune Marienmessen; Bei d. Trauung]

Joh 3,1–8 (9–15) Trinitatis
[kath: Joh 3,1–6 Eingliederung Erwachsener; Bei d. Kindertaufe; Joh 3,1–8 Mo 2. Osterwo; Joh 3,7–15 Di 2. Osterwo]

Joh 3,14–21 Reminiszere
[kath: Joh 3,14–21 4. Fastenso B; Joh 3,14–17 Beim Begräbnis Erwachsener; Joh 3,16–18 Dreifaltigkeitsso A; Heiligste Dreifaltigkeit (Votivm.); Joh 3,16–21 Pfingstmontag C; Mi 2. Osterwo; Eingliederung Erwachsener; Aufnahme gültig Getaufter]

Joh 4,5–14 3. So n. Epiphanias
[kath: Joh 4,5–14 Bei d. Kindertaufe; Joh 4,5–42 3. Fastenso A]

Joh 5,24–29 Totensonntag
[kath: Joh 5,17–30 Mi 4. Fastenwo; Joh 5,24–29 Allerseelen (2.11.); Beim Begräbnis Erwachsener]

Joh 6,30–35 7. So n. Trinitatis
[kath: Joh 6,24–35 18. So JK B; Beauftragung von Akolythen u. Kommunionhelfern; Eucharistie (Votivm.); Joh 6,30–35 Di 3. Osterwo]

Joh 6,47–51 Laetare
[kath: Joh 6,41–51 19. So JK B; Beauftragung von Akolythen u. Kommunionhelfern; Bei d. Wegzehrung; Eucharistie (Votivm.); Lk 6,44–51 Do 3. Osterwo]

Joh 6,66–69 Konfirmation
[kath: Joh 6,60–69 21. So JK B; Sa 3. Osterwo]

Joh 8,3–11 4. So n. Trinitatis
[kath: Joh 8,1–11 5. Fastenso C; Mo 5. Fastenwo]

Joh 8,31–36 Altjahrsabend
[kath: Joh 8,31–42 Mi 5. Fastenwo]

Joh 9,1–7   8. So n. Trinitatis
[kath: Joh 9,1–7 Bei d. Kindertaufe; Bei d. Krankensalbung; Joh 9,1–41 4. Fastenso A]

Joh 10,11–16   Miserikordias Domini
[kath: Joh 10,11–16 Luzius (2.12.); Ambrosius (7.12.); Fidelis von Sigmaringen (24.4.); Bonifatius (5.6.); Otto (30.6.); Lambert (18.9.); Karl Borromäus (4.11.); Commune Hirten d. Kirche; Bei d. Spendung d. Weihen; Für d. Priester; Für d. Einheit d. Christen; Joh 10,11–18 4. So Osterzeit B; Mo 4. Osterwo; Bei d. Krankensalbung; Herz Jesu (Votivm.)]

Joh 12,12–19   Palmarum
[kath: Joh 12,12–16 Palmsonntag B]

Joh 14,1–6   Neujahrstag
[kath: Joh 14,1–6 Allerseelen (2.11.); Fr 4. Osterwo; Benno (16.6.); Beim Begräbnis Erwachsener; Joh 14,1–12 5. So Osterzeit A]

Joh 14,15–19.23–27   Pfingstsonntag
[kath: Joh 14,15–17 Bei d. Firmung; Joh 14,15–21 6. So Osterzeit A; Joh 14,15–16.23b–26 Pfingsten Tag C; Joh 14,15–23.26–27 Aufnahme gültig Getaufter; Joh 14,21–26 Mo 5. Osterwo; Joh 14,23–26 Bei d. Firmung; Hl. Geist (Votivm.); Joh 14,23–29 6. So Osterzeit C; Konzil, Synode, Einkehrtage, Pastoralkonferenzen; Um Frieden u. Gerechtigkeit]

Joh 15,9–12 (13–17)   21. So n. Trinitatis
[kath: Joh 15,1–11 Eingliederung Erwachsener; Bei d. Kindertaufe; Joh 15,5.8–12 Lioba (28.9.); Joh 15,7–11 Gertrud von Nivelles (17.3.); Joh 15,9–11 Do 5. Osterwo; Joh 15,9–12 Bei d. Trauung; Für d. Fortschritt d. Völker; Bei Krieg u. Bürgerkrieg; Joh 15,9–17 6. So Osterzeit B; Damasus (11.12.); Franz von Sales (24.1.); Matthias (24.2.); Kasimir (4.3.); Bruno von Querfurt (9.3.); Leo IX. (19.4.); Ulrich (4.7.); Kamillus von Lellis (14.7.); Maximilian Kolbe (14.8.); Margareta von Schottland (16.11.); Commune Hirten d. Kirche; Commune Hll. Männer u. hll. Frauen; Bei d. Spendung d. Weihen; Bei d. Jungfrauenweihe u. d. Ordensprofess; Zur Wahl e. Papstes o. e. Bischofs; Für d. Priester; Um Priester- u. Ordensberufe; Zur Danksagung; Herz Jesus (Votivm.); Joh 15,12–17 Fr. 5. Osterwo; Bei d. Trauung; Um Liebe, um Eintracht, für Angehörige u. Freunde]

Joh 16,5–15   Exaudi
[kath: Joh 16,5–11 Di 6. Osterwo; Joh 16,5–7.12–13a Bei d. Firmung; Joh 16,12–15 Dreifaltigkeitsso C; Mi 6. Osterwo; Dreifaltigkeit (Votivm.)]

Joh 20,19–23 Pfingstmontag
[kath: Joh 20,19–23 Pfingsten Tag A, B, C; Bei d. Spendung d. Weihen; Um Frieden u. Gerechtigkeit; Hl. Geist (Votivm.)]

Joh 20,19–20.24–29 Quasimodogeniti
[kath: Joh 20,19–23 Pfingsten Tag A, B, C; Bei d. Spendung d. Weihen; Um Frieden u. Gerechtigkeit; Hl. Geist (Votivm.); Joh 20,19–31 2. So Osterzeit A, B, C; Joh 20,24–29 Thomas (3.7.); Beim Begräbnis Erwachsener]

Apg 1,3–4.8–11 Christi Himmelfahrt
[kath: Apg 1,1–11 Christi Himmelfahrt A, B, C; Apg 1,3–8 Für d. Ausbreitung d. Evangeliums; Bei d. Firmung; Für Christen, d. in d. Zerstreuung leben; Hl. Geist (Votivm.)]

Apg 2,1–18 Pfingstsonntag
[kath: Apg 2,1–11 Pfingsten Tag A, B, C; Für d. Laien; Apg 2,1–6.14.22b–23.32–33 Bei d. Firmung; Hl. Geist (Votivm.)]

Apg 2,36–42.47 Pfingstmontag
[kath: Apg 2,14a.36–41 4. So Osterzeit A; Di Osteroktav; Apg 2,14a.36–40a.41–42 Eingliederung Erwachsener]

Apg 8,26–39 6. So n. Trinitatis
[kath: Apg 8,26–38 Eingliederung Erwachsener; Apg 8,26–40 Do 3. Osterwo; Bei d. Spendung d. Weihen (Diakone)]

Apg 9,1–20 12. So n. Trinitatis
[kath: Fr 3. Osterwo; Apg 9,1–22 Bekehrung d. hl. Paulus (25.1.); Hl. Paulus (Votivm.)]

Apg 16,9–15 Sexagesimae
[kath: Apg 16,1–10 Sa 5. Osterwo; Apg 16,11–15 Mo 6. Osterwo]

Apg 16,23–34 Kantate
[kath: Apg 16,22–34 Di 6. Osterwo]

Apg 17,22–28 Jubilate
[kath: Apg 17,15.22–18,1 Mi 6. Osterwo; Apg 17,22a.24–31 Beim Begräbnis Erwachsener]

Röm 2,1–11 Buß- und Bettag
[kath: Röm 2,1–11 Mi 28. Wo. JK I]

Röm 3,21–28 Reformationstag
[kath: Röm 3,21–25a.28 9. So JK A; Röm 3,21–30a Do 28. Wo. JK I]

Röm 8,(12–13)14–17   14. So n. Trinitatis
[kath: Röm 8,8–17 Pfingsten Tag C; Röm 8,9.11–13 14. So JK A; Röm
8,11.14–17 Beim Begräbnis Erwachsener; Röm 8,12–17 Mo 30. Wo. JK I;
Röm 8,14–17 Dreifaltigkeitsso B; Pfingstmontag C; Josefmaria Escrivá de
Balaguer (26.6.); Bei d. Firmung; Bei d. Krankensalbung; Dreifaltigkeit
(Votivm.); Hl. Geist (Votivm.); Röm 8,14–23 Allerseelen (2.11.); Beim Begräbnis Erwachsener; Röm 8,14–17.26–27 Bei d. Übergabe d. Vaterunsers]

Röm 8,31b–39   Altjahrsabend
[kath: Röm 8,28–32.35.37–39 Eingliederung Erwachsener; Röm 8,28–39
Aufnahme gültig Getaufter; Röm 8,31b–34 2. Fastenso B; Röm 8,31b–39
Barbara (4.12.); Perpetua u. Felizitas (7.3.); Bruno von Querfurt (9.3.);
Commune Märtyrer; Hll. Märtyrer von Rom (30.6.); Do 30. Wo. JK I;
Ursula u. Gef. (21.10.); Für d. Laien; Bei Erdbeben; Röm 8,31b–35.37–39
Bei d. Krankensalbung; Bei d. Trauung; Beim Begräbnis Erwachsener;
Röm 8,35.37–39 18. So JK A]

Röm 11,17–24   10. So n. Trinitatis
[kath: –]

Röm 12,(4–8) 9–16   2. So n. Epiphanias
[kath: Röm 12,1–2.9–18 Bei d. Trauung; Röm 12,3–13 Commune Hirten
d. Kirche; Karl Borromäus (4.11.); Um Liebe, um Eintracht, für Angehörige u. Freunde; Röm 12,4–8 Bei d. Spendung d. Weihen; Röm 12,5–16a
Di 31. Wo. JK I; Röm 12,9–16b Maria Heimsuchung (2.7./31.5.); Für
Flüchtlinge u. Heimatvertriebene]

Röm 13,1–7   23. So n. Trinitatis
[kath: –]

1 Kor 1,(4–5) 6–9   5. So vor der Passionszeit
[kath: 1 Kor 1,1–9 Do 21. Wo. JK II; 1 Kor 1,3–9 1. Adventsso B; Zur Danksagung]

1 Kor 1,26–31   1. So n. Epiphanias
[kath: 1 Kor 1,26–31 4. So JK A; Agnes (21.1.); Agatha (5.2.); Gertrud von
Nivelles (17.3.); Vinzenz von Paul (27.9.); Wendelin (20.10); Sa 21. Wo. JK
II; Commune Hll. Männer u. hll. Frauen]

1 Kor 9,16–25   24. So n. Trinitatis
[kath: 1 Kor 9,16–19.22–23 5. So JK B; Franz Xaver (3.12.); Commune Hirten d. Kirche; Aufnahme unter d. Kandidaten für Diakona u. Presbyterat;
Für d. Diener d. Kirche; 1 Kor 9,16–19.22b–27 Fr 23. Wo JK II]

1 Kor 11,23–26 Gründonnerstag
[kath: 1 Kor 11,23–26 Gründonnerstag A, B, C; Fronleichnam C; Beauftragung von Akolythen u. Kommunionhelfern; Bei d. Wegzehrung; Weihe e. Kelches o. e. Hostienschale; Für d. Priester; Eucharistie (Votivm.)]

1 Kor 13 Trauung
[kath: 1 Kor 12,31–13,8a Bei d. Trauung; 1 Kor 12,31–13,13 4. So JK C; Commune Hll. Männer u. hll. Frauen; Mi 24. Wo. JK II; Josef von Calasanz (25.8.); Aufnahme gültig Getaufter; Um Liebe, um Eintracht, für Angehörige u. Freunde]

1 Kor 15,1–11 Ostersonntag
[kath: 1 Kor 15,1–8 Philippus u. Jakobus (3.5.); 1 Kor 15,1–8a Übergabe d. Glaubensbekenntnisses; 1 Kor 15,1–11 5. So JK C; Do 24. Wo. JK II; 1 Kor 15,1–8.11 Ostermontag A, B, C; 1 Kor 15,3–8.11 5. So JK C]

1 Kor 15,35–38.42–44a Totensonntag
[kath: 1 Kor 15,35–37.42–49 Sa 24. Wo. JK II]

2 Kor 3,3–9 20. So n. Trinitatis
[kath: 2 Kor 3,1b–6 8. So JK B; 2 Kor 3,1b–6a Commune Hirten d. Kirche; 2 Kor 3,4–11 Mi 10. Wo. JK I]

2 Kor 8,9 Christfest II
[kath: 2 Kor 8,1–9 Di 11. Wo JK I; 2 Kor 8,1–5.9–15 Für d. Fortschritt d. Völker; Bei Hungersnot; 2 Kor 8,7.9.13–15 13. So JK B; 2 Kor 8,9–15 Paulinus von Nola (22.6.)]

Gal 5,25–26; 6,1–3.7–10 15. So n. Trinitatis
[kath: Gal 5,17–23a.24–26 Für d. Fortschritt d. Völker; Bei Krieg u. Bürgerkrieg; Gal 5,18–25 Mi 28. Wo. JK II; Gal 6,7b–10 Hedwig (16.10.)]

Eph 2,17–22 2. So n. Trinitatis
[kath: Eph 2,12–22 Di 29. Wo. JK II; Eph 2,13–18 16. So JK B; Hl. Kreuz (Votivm.); Eph 2,19–22 Commune Kirchweihe; Thomas (3.7.); Simon u. Judas (28.10.); Bei d. Kirchweihe; Für d. hl. Kirche; Für d. Einheit d. Christen; Von allen Aposteln (Votivm.)]

Kol 3,12–17 Kantate
[kath: Ephräm d. Syrer (9.6.); Heinrich II. u. Kunigunde (13.7.); Commune Hll. Männer u. hll. Frauen; Do. 23. Wo. JK I; Bei d. Trauung; Bei d. Abts- und Äbtissinnenweihe; Bei d. Jungfrauenweihe u. d. Ordensprofess; Zur Danksagung; Name Jesus (Votivm.)]

1 Thess 4,13–14   Osternacht
[kath: 1 Thess 4,13–18 Allerseelen (2.11.); 32. So JK A; Mo 22. Wo JK I; Beim Begräbnis Erwachsener; 1 Thess 4,13–14.18 Beim Begräbnis e. getauften Kindes; 1 Thess 4,13–14 32. So JK A]

Tit 3,4–7   Christfest I
[kath: Tit 3,4–7 Weihnachten Morgen A, B, C; Eingliederung Erwachsener]

Hebr 10,35–36 (37–38) 39   16. So n. Trinitatis
[kath: Hebr 10,32–36 Commune Märtyrer; Januarius (19.9.); Hebr 10,32–39 Fr 3. Wo. JK I]

Jak 5,7–8   1. Advent
[kath: Jak 5,7–10 3. Adventsso A; Jak 5,7–8.16c–18 Bei d. Aussaat; Die Bittmesse]

1 Petr 5,1–4   Miserikordias Domini
[kath. 1 Petr 5,1–4 Commune Hirten d. Kirche; Fabian (20.1.); Kathedra Petri (22.2.); Kallistus I. (14.10.); Klemens (23.11.); Bei d. Spendung d. Weihen; Bei d. Abts- u. Äbtissinnenweihe; Hl. Petrus (Votivm.)]

Offb 12,7–12   Michaelistag
[kath: Offb 12,7–12a Michael, Gabriel, Rafael (29.9.); Engel (Votivm.)]

Offb 21,1–7   Ewigkeitssonntag / Beerdigung
[kath: Offb 21,1–5a 5. So Osterzeit C; Commune Kirchweihe; Commune Marienmessen; Basilika S. Maria Maggiore in Rom (5.8.); Commune Jungfrauen; Bei d. Kirchweihe; Für d. hl. Kirche; Jungfrau Maria (Votivm.); Offb 21,1a.3–5a Beim Begräbnis e. getauften Kindes; Offb 21,1–7 Bei d. Krankensalbung; Offb 21,1–5a.6b–7 Beim Begräbnis Erwachsener; Bei Erdbeben; Offb 21,5–7 Georg (23.4.); Commune Märtyrer; Commune Hll. Männer u. hll. Frauen]

Jochen Arnold
Marianne Gorka
Lars Hillebold | Jan Meyer
Elisabeth Rabe-Winnen
(Hrsg.)

Gottesdienst neu denken und feiern

Aufbrüche in die Zukunft

gemeinsam gottesdienst gestalten (ggg) | 35

392 Seiten | 12,5 x 20,5 cm
Hardcover
ISBN 978-3-374-07181-4
EUR 29,00 [D]

Die Corona-Pandemie hat unsere Kirche an geistliche und theologische Grenzen gebracht. Wie unter einem Brennglas sind dabei auch Grenzen des Gottesdienstes deutlich geworden. Zugleich entstanden viele neue Ideen. Die Praxis des Gottesdienstes, der Amtshandlungen und der Musik hat sich erheblich verändert: im digitalen Raum, draußen und am klassischen Ort; ein Kreativitätsschub, der für die Zukunft von hoher Bedeutung sein wird.
Dieser Band beleuchtet die theologischen Herausforderungen im Blick auf Gottesdienst, Predigt, Musik und Sakramente. Er entfaltet ein großes Tableau von innovativen digitalen Formaten (z. B. »Brot & Liebe«) über Andachten und Liturgien zu Hause (z. B. »Gottesdienst ZEITGLEICH«) bis hin zu originellen Outdoor-Gottesdiensten und spannenden Rauminstallationen. Dazu gehören auch zahlreiche Gebete und Rituale mit Kindern.

EVANGELISCHE VERLAGSANSTALT
Leipzig   www.eva-leipzig.de

Tel +49 (0) 341/ 7 11 41 -44   shop@eva-leipzig.de

Karin Schmid
Frank Schulte (Hrsg.)
Die ganze Welt gehört Gott
Gottesdienste und Liturgien
aus der Iona Community

*gemeinsam gottesdienst
gestalten (ggg) | 33*

160 Seiten | 12,5 x 20,5 cm
Hardcover
ISBN 978-3-374-07069-5
EUR 19,00 [D]

Spiritualität und Welt sind keine Gegensätze! Das ist eine der Entdeckungen der Iona Community, die der presbyterianische Pfarrer George McLeod 1938 gründete. Spiritualität will allerdings geerdet sein, um die Welt zu verwandeln. Sie braucht Worte und Rituale, die der Mensch heute versteht. Zu diesem Zweck versammelt der Band Liturgien und Materialien für Gottesdienste, die von Mitgliedern der Iona Community geschrieben, übersetzt und in deutschen Kontexten erprobt wurden. Keltische Spiritualität, benediktinische Tradition und ökumenische Gastfreundschaft bereichern diese Gottesdienstentwürfe ebenso wie die musikalische Arbeit der Wild Goose Resource Group (Glasgow) um John Bell und das Leben der Iona Community in Deutschland. Die Liturgien sind so angelegt, dass sie in den normalen Gemeindealltag übernommen werden können, online und offline.

EVANGELISCHE VERLAGSANSTALT
Leipzig www.eva-leipzig.de

Tel +49 (0) 341/ 7 11 41 -44   shop@eva-leipzig.de

Wolfgang Ratzmann
**Andacht verstehen
und gestalten**

*gemeinsam gottesdienst
gestalten (ggg) | 34*

280 Seiten | 12,5 x 20,5 cm
Hardcover
ISBN 978-3-374-07073-2
EUR 26,00 [D]

Im Gemeindeleben spielen nicht nur die liturgisch geprägten Sonn- und Festtagsgottesdienste eine Rolle, sondern auch vielfältige Formen von Andachten. Durch ihre Flexibilität eignen sie sich für Zusammenkünfte in kleinen Gruppen ebenso wie für offene Gottesdienste, die mit liturgisch ungeübten Teilnehmenden rechnen. Dennoch spielen Andachten als Lehrgegenstand in der Ausbildung für kirchliche Mitarbeitende oft nur eine Nebenrolle, und es gibt kaum Literatur, die ihnen oder anderen Interessierten Hinweise zum Verständnis von Andacht und zu ihrer praktischen Gestaltung geben würde.
Diesem Mangel versucht das vorliegende Buch zu begegnen. Der erste Teil führt in Geschichte, Sinn und Bedeutung der Andacht ein. Im zweiten Teil werden vielfältige praktische Hinweise zur inhaltlichen und formalen Gestaltung von Andachten gegeben.

**EVANGELISCHE VERLAGSANSTALT
Leipzig** www.eva-leipzig.de

Tel +49 (0) 341/ 7 11 41 -44   shop@eva-leipzig.de

Jochen Arnold
Fritz Baltruweit (Hrsg.)
**Lesungen und Psalmen
lebendig gestalten**

*gemeinsam gottesdienst
gestalten (ggg) | 2*

296 Seiten | 12,5 x 20,5 cm
Hardcover
ISBN 978-3-374-06537-0
EUR 19,00 [D]

Psalmen und Lesungen sind Herzstücke des Gottesdienstes. Doch werden sie immer verstanden? In ihrer sprachlichen Dichte erscheinen sie oft sperrig und schwer zugänglich Hier setzen die Autoren neue Akzente. Lesungen werden als Dialoge inszeniert und manchmal mit der Gemeinde im Wechsel gesprochen. Psalmen bekommen oft einen besseren Sinnzuschnitt. Die Autoren machen Vorschläge, wie der Psalm und ein bis zwei Lesungen des Sonntags dialogisch vorgetragen werden können: zu zweit oder in einer Gruppe. Die dialogische Gestaltung macht Lesungen und Psalmen transparenter, ermöglicht neue Perspektiven und wechselnde Standorte – das biblische Wort wird farbig und lebendig.
Die 3. völlig überarbeitete Auflage orientiert sich an den neuen Lesetexten für das Kirchenjahr.

EVANGELISCHE VERLAGSANSTALT
Leipzig www.eva-leipzig.de

Tel +49 (0) 341/ 7 11 41 -44   shop@eva-leipzig.de

Jochen Arnold
Christian Verwold (Hrsg.)
Bitten, Loben und Bekennen

Die wiederkehrenden Stücke im Gottesdienst, Teil I

gemeinsam gottesdienst gestalten (ggg) | 12

256 Seiten | 12,5 x 20,5 cm
Hardcover
ISBN 978-3-374-06325-3
EUR 22,00 [D]

Als »kleine« wiederkehrende Stücke prägen sie wie kaum ein anderes Element den Gottesdienst: Kyrie, Gloria und Credo. Die Autorinnen und Autoren dieses Bandes bringen die beiden Anrufungen und das Glaubensbekenntnis mit den Themen der Sonn- und Festtage des Kirchenjahres ins Gespräch und geben ihnen damit eine je eigene sprachliche und musikalische Gestalt. Der geistlich-theologische Gehalt der »alten« Liturgie wird so neu erlebbar. Sowohl die lutherische als auch die unierte Variante der Eingangsliturgie sowie Elemente aus der reformierten Tradition wurden dazu je neu inszeniert. Einen besonderen Reiz dieses Bandes bieten die ebenfalls kirchenjahreszeitlich aktualisierten Hinführungen zum Glaubensbekenntnis.

EVANGELISCHE VERLAGSANSTALT
Leipzig www.eva-leipzig.de

Tel +49 (0) 341/ 7 11 41 -44   shop@eva-leipzig.de

Jochen Arnold
Drea Fröchtling
Ralph Kunz
Dirk Schliephake (Hrsg.)
Alle sind eingeladen
Abendmahl inklusiv
denken und feiern

*gemeinsam gottesdienst
gestalten (ggg) | 32*

344 Seiten | 12,5 x 20,5 cm
Hardcover
ISBN 978-3-374-06621-6
EUR 26,00 [D]

Die Feier des Abendmahls ist neben der Wortverkündigung das Herzstück des Gottesdienstes. Christliche Gastfreundschaft findet hier ihren liturgischen Ausdruck. Sie knüpft an das an, was Jesus von Nazareth mit vielen Menschen seiner Zeit geteilt und gefeiert hat. Ihm getreu gilt auch heute das inklusive Motto: Alle sind eingeladen, Gemeinschaft zu erleben, Versöhnung zu erfahren, getröstet und gestärkt zu werden für ihren Weg.
Das Buch bietet biblische, systematische, ethische und praktische Einführungen in das Thema »Essen vor Gott« und beleuchtet dabei stets den Aspekt des Inklusiven und Universalen.

EVANGELISCHE VERLAGSANSTALT
Leipzig   www.eva-leipzig.de

Tel +49 (0) 341/ 7 11 41 -44   shop@eva-leipzig.de